till landet
to the country
horses
Pippi
Pippi
Pippi
Pippi
Pippi

유럽 동화마을 여행

유럽동화마을여행

1판 1쇄 인쇄 2008년 9월 20일
1판 4쇄 발행 2012년 2월 20일

지은이_이형준
펴낸이_정원정, 김자영
편집_홍현숙
디자인_김민정, 안혜현

펴낸곳_즐거운상상
주소_서울시 용산구 문배동 11-14 이안1차 101동 오피스텔 202호
전화_02-706-9452 | 팩스_02-706-9458 | 전자우편_happywitches@naver.com
출판등록_2001년 5월 7일
인쇄_갑우문화사

ISBN 978-89-92109-31-4
* 이 책은《동화를 찾아가는 아름다운 여행》의 개정증보판입니다.

* 책값은 뒤표지에 있습니다.

유럽동화마을여행

이형준 글·사진

해리 포터의 영국, 라푼첼의 독일, 하이디의 스위스에서
피노키오의 이탈리아, 백설공주의 스페인, 삐삐의 스웨덴까지

유럽의 동화마을 속으로

《동화를 찾아가는 아름다운 여행》을 출간한 지 어느덧 4년이 흘렀다. 그동안 많은 독자와 언론으로부터 과분한 평가와 사랑을 받았다. 동화 속 마을이 실재한다니 놀랍다는 이야기부터 가족과 꼭 가보고 싶다는 사연까지 동화 마을을 알게 된 사람들의 반응은 한결같이 '그곳에 가고 싶고 생각만 해도 마음이 따뜻해진다.' 는 것이었다.

책이 출간되고 며칠 지나지 않아 일간지에서 인터뷰를 했다. "유럽편에 이어 다음은 어느 지역인가요?" 라는 질문에 세계 여러 나라 동화의 무대를 둘러보는 세계 동화마을 이야기를 쓸 계획이라고 대답했다.

이후 기회가 있을 때마다 틈틈이 동화 속 무대를 찾아다니고 있는데 그 와중에 《유럽동화마을여행》이라는 새로운 제목으로 유럽편의 개정판을 출간하게 되었다. 사실 초판도 《유럽동화마을여행》이라는 제목을 붙이고 싶었지만 그 때만 해도 '동화마을' 자체가 낯설고 생소했던 시절이었다. 이제야 제 이름을 찾은 기분이 든다.

개정된 《유럽동화마을여행》에는 《즐거운 무민 가족》 시리즈의 배경인 핀란드의 작은 항구 마을 난탈리 이야기를 새로 넣었다. 무민 시리즈와 더불어 《삐삐 롱스타킹》의 무대를 재현해 놓은 스웨덴의 작은 마을 빔멜비의 '아스트리드 린드그렌 월드'의 사진과 이야기도 추가했다.

지난해 여름 무민 월드를 찾았을 때 아이들의 행복에 들뜬 얼굴과 진심어린 마음으로 공연을 펼치는 어른들, 청각장애우를 위하여 야외극을 수화로 전달하는 봉사자까지 어떤 동화보다 더 아름다운 모습을 보았다. 새삼 동화의 무대를 보다 많은 사람들과 공유해야 한다는 생각에 확신을 갖게 되었다.

동화는 꿈을 만드는 희망의 요술 상자이다. 어려운 환경의 아이들에게는 미래에 대한 희망을 품게 만들고, 풍요로운 아이에게는 나눔의 세계를 알려주고, 어른들에게는 동심으로 돌아갈 수 있는 추억을 선물하는 요술 상자이다.

그동안 《유럽동화마을여행》에 많은 관심과 애정을 보내준 독자와 동화마을을 찾아 여행하고 엽서와 메일을 보내준 독자들에게 지면으로나마 깊은 감사를 전한다. 또한 가까운 시간 안에 세계 동화마을 이야기를 펴낼 것을 다짐해본다.

2008년 9월

이형준

벌써 15년, 동화만큼 아름다운 그곳으로의 여행

"일요일 오후 2시, 브레멘 시청 광장에서 동물음악대 야외극을 공연합니다." 이 포스터 문구 하나가 나의 인생을 동화처럼 바꾸어 놓았다. 취재차 유럽의 대도시를 둘러 보던 나는 독일 마르부르크의 언덕길을 따라 성을 보고 돌아오던 길에 우연히 한 장의 작은 포스터를 발견했다. 그리고 자석에 이끌린 듯 모든 스케줄을 제치고 브레멘으로 달려갔다.

브레멘 시청 광장에서 본 동물음악대 야외극의 감동과 동화에 대한 사람들의 애정은 놀라웠다. '이곳엔 정말 동화가 사는구나….' 그리고 수백 년이 흘러도 그대로인 동화 속 마을과 동화처럼 사는 사람들은 나의 호기심을 자극하기에 충분했다. 결혼하면 반드시 가족과 함께 다시 오리라 다짐하고, 한국으로 돌아와서는 곧장 서점으로 달려가 동화책을 펼쳐 보기 시작했다. 그렇게 세계의 동화마을을 사진기에 담기 시작한 지 벌써 15년. 그 사이 노총각 여행사진가에게는 아내가 생겼다. 물론 동화책을 읽어 줄 예쁜 딸 '이아'도 태어났다.

거기에 애인이라도 있어요? 한 해에도 몇 번씩 같은 동화마을을 찾다 보니 주위 사람들에게서 곧잘 듣는 농담 중의 하나다. 지금까지 둘러 본 동화의 무대는 줄잡아 50여 곳, 그런데 사람들은 15년 동안 고작 50여 곳 뿐이냐고 묻기도 한다. '동화도 계절 따라 시간 따라 이야기를 바꾼다.' 이것이 최소한 두 번에서 많게는 열 번 이상 한 곳을 둘러보는 습관을 가진 나의 변명이다.

이런 습관은 처음 동화마을에 관한 자료를 찾던 그때부터 시작되었다. 국내에서 찾아 본 책들은 기대와 너무나 달랐다. 원작에서 변형되어버린 내용은 물론이고 동화의 무대가 되었던 지명까지도 잘못된 것이 많았다. 그 후 오랜 기간 책과 씨름하다 언젠가 동화의 무대에서 내가 느낀 것을 그대로 나눌 수 있는 책을 한 권쯤 쓰고 싶다는 생각을 하게 되었다.

나의 애인은 정말 동화마을에 있는지 모른다. 동화 여행의 계기가 된 브레멘 시청 광장에서 벌어지는 야외극. 유럽에 오면 꼭 브레멘을 찾는 것은 야외극이 늘 분위기와 느낌이 다르다는 아주 평범한 이유 때문이다. 덕분에 몇 번이나 왔는지 세어 보지 않았지만 분명한 것은 야외극 공연을 하는 많은 사람들과 친구가 되었다는 것이다. 또 하이디의 무대가 되었던 스위스 마이엔펠트의 피터네 집을 처음 찾았을 때 중년이었던 알프레드 씨 부부는 어느새 백발이 성성한 할아버지, 할머니가 되어 여전히 나를 반겨준다.

유럽 큰 도시의 역이나 도심을 걷다 보면 이곳이 외국인지 한국인지 구분이 안 될 정도로 한국 사람들로 붐빈다. 유럽 여행은 이제 흔한 일이 되었다. 그러나 아쉬운 것은 동화마을에 가면 일본 사람들은 많지만 한국 사람을 만나기란 좀처럼 어렵다는 사실이다.

물론 동화의 무대를 디즈니랜드쯤으로 생각하고 찾는다면 실망을 할 수도 있다. 동화의 무대가 되었던 곳은 크고 멋진 도시와 고성도 있지만 대부분 작은 시골 마을로 소박하기 때문이다. 하지만 동화마을 사람들의 따뜻한 마음은 그곳을 더욱 아름답게 만들고 있다. 크고 작은 동상을 비롯하여 풍차, 오두막, 공원 그리고 박물관에 이르기까지 대부분의 조형물과 기념관은 정부의 지원보다는 그곳 사람들의 성금으로 만들어졌다는 이야기를 듣게 된다. 동화를 사랑하고 이를 큰 자랑으로 여기며 살아가는 사람들이 있는 곳, 바로 동화 속 마을이다.

직업이 여행사진가이다 보니 여행 서적을 쓰라는 얘기를 자주 듣는다. 그럴 때마다 나의 고약한 고집이 내 소매를 붙든다. 여행이란 '자신이 원하는 곳을 찾아가는 것이지 반드시 어느 곳을 보아야 하는 것은 아니다.' 라는 것이다. 한마디로 자신이 원하는 곳을 찾아가 그곳에서 보고 싶은 것을 보고 느끼는 것이 그 무엇보다 중요하다고 생각하기 때문이다.

예를 들어 파리에 갔다 온 사람들은 거의 비슷한 지명을 입에 올린다. 물론 이름 모를 골목과 카페, 작은 박물관이나 멋진 산책로를 이야기하는 사람도 있지만 그런 이는 아주 드물다. 대부분 에펠탑, 샹젤리제, 몽마르트, 루브르, 베르사이유 하는 식으로 정해진 명소들을 둘러보는 비슷한 여행을 하기 때문이다. 거기에 나까지 비슷한 여행지를 권하는 여행서를 쓰고 싶지는 않았다. 물론 초행자에게 처음부터 이름도 들어본 적 없는 마을을 찾아가라는 얘기는 아니다. 누구나 아는 명소를 둘러본 다음에는 정말 자신의 마음 속에 간직해 둔 곳으로 떠나보면 좋겠다. 비록 생소한 골목이고 특별한 자랑거리가 없는 시골일지라도 마음 속에 담아 둔 곳을 찾아 떠나는 여행이야말로 자신만의 진정한 여행이 될 수 있을 것이다.

《피노키오》의 마을이 있는 이탈리아 콜로디나 《곰돌이 푸》가 뛰어놀았던 영국 하트필드나 《라푼첼》이 살았던 독일 트렌델부르크는 지도에서조차 찾기 힘들 정도로 작은 마을이지만 그곳에는 아름다운 풍경이 있다. 바로 가족이 있는 풍경이다. 가족들이 한두 권의 동화책을 가져와 실제 동화의 무대가 되었던 곳을 보며 아이들과 함께 동화를 읽는 모습은 그 어떤 동화보다 아름답다. 15년 동안 남몰래 부러워했던 모습, 언젠가 일본인이나 서양인들보다 더 많은 우리네 가족들이 동화의 무대를 찾기를 바라는 희망을 이 책에 담았다. 내가 둘러봤던 50여 곳 중 인상적이었던 22곳을 모은 이 책과 함께 동심과 상상력을 느끼고 간직하는 기회가 되기를 바란다.

오랜 세월 나의 사진기 앞에 멋진 모델이 되어 준 동화의 주인공들, 그곳에서 만났던 동화처럼 살아가는 사람들 그리고 돈 키호테 같은 나를 지켜봐주는 팅커벨 아내와 하이디 같은 딸 이아에게 이 책을 전하고 싶다. 또 《동화를 찾아가는 아름다운 여행》이 나오기까지 각별한 애정을 가지고 애써준 도서출판 즐거운상상 식구들에게도 고마움을 전한다.

2004년 12월

이형준

잠시 동화 속 주인공이 되는 기회를 드리겠습니다

조월례(학교도서관 문화운동 네트워크 대표)

어린 시절 한번쯤 동화의 세계에 빠져 울고 웃지 않은 사람이 어디 있을까요. 그러나 그런 꿈같은 동심의 세계도 어른이라는 이름을 가지면서는 먼 나라 이야기가 되고 마는 것이 보통입니다. 그런 여러분에게 다시 동화 속 주인공이 될 수 있는 기회를 드리겠습니다.

유럽에 있는 아름답고도 소박한 동화마을을 여행한 기록인 이 책으로 들어가는 순간, 여러분은 동화의 주인공이 될 것입니다. 저자가 안내하는 동화마을을 따라가다 보면 어린 시절 책을 통해 먼 옛날의 전설처럼 다가왔던 동화의 세계가 우리 앞에 가까이 다가옵니다. 그곳은 우리가 부박한 삶의 현장에서 시달리며 잊어버린 동안에도 수백 년 전의 모습을 간직한 채 그대로 그 자리에 있음을 확인하게 합니다.

동화에 관심을 가진 이라면 독일의 '메르헨 가도'라는 말을 바람결에나마 들어본 기억이 있을 것입니다. 독일인들의 자긍심을 한껏 고양시키는 그곳은 그림 형제가 태어나고 자란 곳이지요. 또 그들이 수집하여 우리에게 들려준 동화들의 무대가 이어지는 길입니다.

《피리 부는 사나이》 야외극으로 세계의 수많은 여행자를 불러모으는 하멜른, 《동물음악대》의 동상이 있는 브레멘, 《빨간 모자》 소녀가 있는 알스펠트, 《라푼첼》이 긴 머리를 창문 아래로 내려놓던 탑이 그대로 남아 있는 트렌델부르크, 《허풍선이 남작의 모험》의 주인공인 뮌히하우젠 남작이 살았던 보덴베르더가 있는 곳이 바로 메르헨 가도입니다. 동화 속 풍경이 그 옛날의 모습 그대로 남아 있어 동양의 이방인들을 가슴 설레게 하기에 충분합니다.

이번엔 영국으로 가 볼까요. 알란 알렉산더 밀른이 자신의 아들 크리스토퍼 로빈을 위해 썼다는 《곰돌이 푸》는 우리나라 뿐 아니라 세계 어린이들의 열렬한 사랑을 받는 인형입니다. 저자는 푸, 크리스토퍼 로빈, 피글릿, 티거, 이요레, 캥거 등 다채로운 동물이 등장하는 곰돌이 푸의 무대인 영국 하트필드의 넓은 들판과 목장, 작은 개울, 종달새와 풀벌레 소리가 들릴 것 같은 작은 시골로 독자들을 데려갑니다. 그곳에는 작고 예쁜 집들이 모인 작은 마을, 곰돌이 푸가 태어난 농장, 끝없이 펼쳐지는 전나무 숲 등이 있어 우리를 동화의 세계에 푹 빠져들게 합니다.

귀엽고 사랑스런 캐릭터인 《피터 래빗》의 고향 영국 윈더미어 호수 지방. 그곳은 지금 당장이라도 달려가고 싶을 만큼 아름다운 모습을 간직하고 있습니다. 연간 2천만 명의 여행자가 찾는다는 그곳은 이름 모를 산새들의 노래 소리가 들릴 것 같고 사진으로 만나는 그림 같은 숲과 호수는 한없이 마음을 설레게 합니다.

이곳은 피터 래빗의 작가 베아트릭스 포터가 전 재산을 들여 500만 평에 해당하는 토지를 매입해 '절대로 개발하거나 다른 용도로 사용하지 않는다.'는 조건 아래 자연 보호와 사적 보존 활동을 하는 내셔널 트러스트에 기증하여 100년 전의 모습을 그대로 보존하고 있다고 합니다. 이런 아름다운 정신이 자국의 전통과 가치를 다음 세대에 이어주는 힘이며 문화상품으로서 동화의 무대를 세계적인 명소로 지켜내는 힘이겠지요.

아이들에게 영원한 꿈을 심어 준《알프스의 소녀 하이디》는 우리에게 너무나 친숙한 동화입니다. 스위스 마이엔펠트는 바로 하이디가 태어난 곳이지요. 사진으로 만나는 노랑꽃과 초록빛이 어우러진 넓은 들판은 마치 동화의 세계로 들어가는 관문처럼 독자를 압도합니다. 저자는 그림 엽서처럼 예쁜 마을의 풍광, 야생화로 가득한 공원, 예쁜 집들, 하이디와 아름 할아버지가 살았던 오두막, 그 앞에 펼쳐진 풀밭으로 우리를 안내합니다.

이러한 동화의 무대 여행을 가이드 하는데 있어 저자는 그저 눈으로만 보는 것이 아니라 동화 속 주인공들과 즐길 수 있도록 도와주는 친절함도 잊지 않습니다. 숙박에 대한 어드바이스와 더 좋은 여행 시기, 가는 길, 교통편, 꼭 보아야 할 곳, 작가와 동화에 대한 숨은 이야기 등 유용한 정보도 책의 곳곳에서 만날 수 있습니다. 이 책에 실린 동화 마을 이야기가 우리에게는 아직 먼 나라 이야기일는지 모릅니다. 그러나 언젠가 우리도 우리만의 동화마을을 꿈꾸게 합니다.

우리나라에서는 지금 청소년들에게 미래 자산이 되어 줄 '책읽기'가 그저 대학 입시의 수단으로 전락되어 버린 것 같아 안타깝습니다. 동화가 한 나라의 전통을 다음 세대에 이어주는 방편이면서 삶이며 문학이며 산업으로까지 자리잡은 그네들의 동화마을을 보면서 아직은 학습의 수단으로 인식되는 우리의 현실과 더 뚜렷하게 비교되는 것 같습니다.

이제, 책을 덮고 다시 한 번 상상해 봅니다. 아기부터 어린이, 젊은이, 할머니, 할아버지에 이르기까지 지구촌 곳곳에서 찾아온 여행자들이 숨죽인 채 동화 공연을 관람하면서 인종과 나이와 성별을 뛰어넘어 하나가 되어 즐거움을 만끽하는, 그 꿈만 같은 모습을 말입니다. 동화야말로 세대와 시대를 초월해 세계 곳곳의 사람들을 하나로 묶는 진정한 '마법의 상자' 가 아닐까요?

Contents

2 영국

C.o.n.t.e.n.t.s

3 이탈리아 · 스페인 프랑스 · 벨기에

4 스웨덴 · 핀란드 · 덴마크

Chapter 1

스위스

마이엔펠트 Maienfeld

독일

브레멘 Bremen

하멜른 Hameln

보덴베르더 Bodenwerder

트렌델부르크 Trendelburg

알스펠트 Alsfeld

《알프스의 소녀 하이디》의 무대 **스위스 마이엔펠트 Maienfeld**

알프스가 숨겨 둔 하이디 마을

"피터! 모든 것이 불타올라. 모든 바위들이 타오르고 저 커다란 눈 산도, 하늘도 타올라. 오! 아름다운 불같은 눈! 전나무도 봐…. 모든 게 불타올라. 이제는 모든 것이 장밋빛으로 변했어! 눈에 덮인 저 산을 봐. 그리고 저 높은 뾰족한 바위들이 있는 것도 봐. 오! 지금은 모든 것이 회색으로 변했어. 이제는 모든 것이 사라졌어."
《알프스의 소녀 하이디》 중에서

마을 입구 베이커리에서는 하이디, 클라라, 피터라는 이름의 빵을 오븐에서 구워 내기 바쁘다. 언덕 위 작은 집엔 하이디와 클라라가 함께 누워 별을 보던 다락방과 아롬 할아버지가 치즈를 만들던 주방이 있다. 전나무 숲길을 돌면 양치기 소년 피터가 살던 집이 보이고 저 멀리 알프스 자락으로 향한 이정표엔 이렇게 적혀 있다. '봄부터 가을까지 피터와 아롬 할아버지가 지내던 산

속 오두막, 해발 1111미터.'

누구나 이곳에 오면 어린이가 된다는 마을, 바로 세계 아동 문학의 고전 《알프스의 소녀 하이디》가 탄생한, 스위스의 마이엔펠트 Maienfeld다. 나 같은 여행사진가의 눈으로 보면 스위스는 그야말로 나라 전체가 큰 스튜디오다.

알프스 그리고 퐁듀와 시계, 요들송, 만년설 그리고 알프스만큼 높은 물가까지. 스위스라는 나라는 사진기에 담을 곳도 많고 이야기도 많은 곳이다. 여행을 사랑하는 사람이라면 가장 가보고 싶은 나라로 첫손에 꼽는 스위스, 그중에서도 마이엔펠트가 더 매력적인 이유는 이곳이 하이디의 무대이기 때문이다.

가면 갈수록 새록새록 더 정이 드는, 하이디 마을 마이엔펠트를 번번이 혼자 만끽한다는 게 미안했던 터라 이번에는 아내와 딸 이아도 함께 떠나기로 했다. 취리히를 지나 쿠어 Chur 행 기차에 몸을 실었다. 처음 마이엔펠트를 찾았던 1989년의 봄과는 사뭇 다른 느낌이지만 차창 너머의 풍경은 여전히 이곳이 스위스임을 말해 준다.

장난감처럼 예쁜 오두막 집 샬레, 바다가 아닐까 싶을 정도로 끝없이 펼쳐진 커다란 호수, 먹구름 속에 숨은 웅장한 산. 차창에 매달려 알프스식 풍경화를 동영상으로 감상한 지 한 시간 남짓, 우리 가족은 자르간스 Sargans에 내려 마이엔펠트 행 기차로 갈아탔다.

그리고 10분 후 기차는 마이엔펠트 역에 들어섰다. 오두막 같은 역사, 예쁜 꽃이 피어 있는 작은 화분 그리고 동화의 무대를 쉽게 둘러볼 수 있게 만들어 놓은 사인 보드. 테마 파크 같은 화려함을 기대한 여행

객이라면 그 소박함에 실망할 수도 있겠지만 처음 이곳을 찾았을 때 달랑 간이 역사 하나뿐이었던 것에 비하면 지금은 그래도 제법 모양새를 갖춘 셈이다.

역을 나서면 드디어 하이디 마을이다. 그런데 두 가지 색의 사인 보드가 빨리 하이디를 만나고 싶어하는 이아의 발걸음을 멈추게 한다. 빨간색 사인 보드를 따라 둘러보는 단거리 코스와 파란색 사인 보드를 따라 살펴보는 장거리 코스. 빨간색 코스는 마이엔펠트 시청과 교회를 보고 하이디 공원을 거쳐 운터록펠르 마을과 하이디 하우스가 있는 델프리 마을을 둘러보는 것으로 대략 두세 시간이 걸린다.

파란색 코스는 빨간색 코스를 기본으로 양치기 소년 피터의 오두막과 아롬 할아버지의 산 속 오두막, 작가 요한나 슈피리Johanna Spyri가 동화를 집필했던 이에닝스 마을까지 둘러보는 것으로 여섯 시간 정도 걸린다.

작가 슈피리는 마이엔펠트에서 태어난 것은 아니지만 이곳에서 오랜 시간 생활하며 하이디에 대한 영감을 얻었다고 한다. 산책을 즐겼던 그녀가 마이엔펠트 곳곳을 거닐면서 작품을 구상했던 만큼 하이디의 무대 또한 마이엔펠트 전역에 펼쳐져 있다.

슈피리, 아니 하이디의 발길을 따라 걷는 마이엔펠트는 그야말로 한 장의 그림엽서다. 아기자기한 골목 풍경들, 분수와 예쁜 꽃 그리고 소박한 공예품과 커다란 와인 통을 눈에 담고 보니 엽서 한 묶음쯤은 만들고 남을 분량이다. 110년 전 지금과 그리 다르지 않았을 풍경을 벗삼아 산책을 하던 요한나 슈피리의 기분을 느끼기에 충분하다.

조금 걷다 보니 번화가다. 동화 속에서 피터가 편지를 받으러 뛰어다녔던 시청과 학교, 교회가 있던 그 거리는 지금도 마이엔펠트에서 가장 번화한 곳이다. 아름다운 프레스코 벽화로 장식되어 마치 장난감 가게처럼 보이는 시청을 뒤로 하고 하이디 공원으로 이어지는 길로 접어들었다.

오솔길과 들판을 지나자 하이디 공원 입구에 있는 하이디 동상이 우리를 반긴다. 사슴과 하이디 조각으로 이루어진 샘의 아래 부분에는 '요한나 슈피리의 동화 주인공 하이디' 란 글자가 새겨져 있다. 하이디 공원에는 앉아서 쉴 수 있는 의자와 산책로 등 휴식 공간이 잘 갖추어져 있는데, 이 모든 것들이 스위스 어린이들이 재활용품을 모으고 팔아 마련한 성금으로 만들어졌다는 것이 놀랍다.

우리는 동화 이야기를 하며 산길을 따라 하이디의 주요 무대가 된 델프리 마을로 향했다. 하이디 샘에서 델프리 마을로 가는 여러 코스 가운데 가장 낭만적이고 스위스다운 풍광을 보려면 오솔길을 따라가는 것이 좋다. 마침 가랑비가 촉촉히 내려 맑은 날이나 눈으로 덮여 있는 겨울보다 훨씬 운치가 있었다. 어림잡아도 수령이 수백 년쯤 되어 보이는 나무로 가득한 숲길 옆으로는 야생화가 물방울을 한아름씩 안고 있다. 그림이 아닐까 싶을 만큼 예쁜 집들, 가랑비를 피해 나무 아래에 모인 양떼들…. 우리는 마치 동화 속 주인공이 된 것처럼 즐거웠다.

숲길을 지나 산촌 마을 델프리에 도착했다. 이 마을은 하이디의 주 무대다. 동화에 가장 많이 등장하는 장소 가운데 하나로 하이디와 아

마이엔펠트 근처의 산촌 마을 헤르첼에 자리한 요한나 슈피리 박물관.

롬 할아버지가 겨울이면 산 속 오두막에서 내려와 살았던 곳이며, 프랑크푸르트에서 클라라의 할머니와 의사 선생님이 방문할 때 묵었던 곳이기도 하다.

지금 이곳에는 2층짜리 하이디 호텔이 있는데 넓은 정원과 포도 농장이 있고 뒤로는 웅장한 알프스 산이 있어 하이디의 눈으로 알프스를 볼 수 있는 최고의 장소다. 하이디 호텔 레스토랑에는 《알프스의 소녀 하이디》를 비롯하여 요한나 슈피리가 저술한 대표적인 작품들이 꽂혀 있다. 꼭 호텔에 묵지 않더라도 한번쯤 들러 차를 마시면서 쉴 수 있는 아주 편안한 분위기다.

차를 한잔 마시고 가파른 언덕길을 따라 십여 분쯤 오르니 하이디

하우스가 눈에 들어온다. 델프리 마을에서 가장 높은 곳에 위치한 이 건물은 현재 박물관으로 사용되고 있는데, 작가인 요한나 슈피리가 산책을 하면서 자주 들렀던 곳이기도 하다.

전형적인 스위스 농가인 하이디 하우스의 좁은 나무 계단을 오르자 하이디와 피터 인형이 우리 가족을 반긴다. 하이디와 피터를 만난 이아는 손을 내밀어 악수를 하더니 하이디 옆에 앉아 인형들과 이야기를 나누며 재미있어 한다. 식탁 건너편에는 하이디와 클라라가 함께 누워 별을 보던 다락방, 아름 할아버지의 작업장과 침대 그리고 치즈를 만들던 주방까지 동화 속 공간이 그대로 재현되어 있어 마치 현실인 듯한 착각까지 불러일으킨다.

이제 양치기 소년 피터를 따라간다. 하이디 하우스에서 피터의 집으로 향하는 코스는 조금 험한 전나무 숲길이다. 바람에 흔들리는 전나무 길을 따라 삼십 분쯤 가자 호프Hof라는 작은 나무 푯말이 눈에 띈다. 이곳이 바로 피터의 집이다. 마이엔펠트와 근처 마을이 한눈에 들어오는 전망 좋은 피터의 집은 현재 동물들의 보금자리로 사용되고 있는데, 이곳 역시 스위스 어린이들이 모은 성금으로 만들어 놓은 것이라고 한다.

양치기 소년 피터의 집은 알프레드 씨가 지키고 있다. 피터의 집과 산 속 오두막을 관리하고 있는 알프레드 씨 가족은 노모와 부인 그리고 동물들이다. 재미있는 건 알프레드 씨가 기르는 10여 마리의 양이 모두 이름을 갖고 있다. 그것도 동화에 등장하는 양들의 이름을 따서 백조, 작은 곰, 오리 등이란다. 양 한 마리에도 동화 속 양의 이름을 붙

여 주는 마음, 알프레드 씨 가족의 삶이 한편의 동화 같다.

피터의 집에서 하이디와 할아버지가 봄부터 가을까지 지냈던 산 속 오두막이 있는 해발 1111미터의 하이디 알프까지 오르려면 약간의 인내심이 필요하다. 가파른 등산로를 한참 올라가야 하기 때문이다. 오두막에는 아롬 할아버지의 작업 공간이 꾸며져 있고 각종 도구와 썰매, 식탁 등이 보관되어 있다. 또 사다리를 타고 2층으로 올라가면 하이디의 다락방이 있다. 작지만 깨끗하게 잘 정돈된 다락방은 해맑은 하이디의 얼굴을 떠올리게 한다.

'아롬' 이라는 할아버지의 이름은 아롬 산에서 따 온 것이라고 한다. 그래서인지 산 속 오두막이 있는 아롬 산 역시 동화에 자주 등장한다. 오두막 앞에는 넓은 풀밭이 펼쳐져 있다. 바로 피터가 하이디, 클라라와 함께 야생화를 꺾어 꽃다발을 만들었던 그 풀밭이다. 한 쪽에는 할아버지와 하이디가 야외에서 식사를 할 때 쓰던 의자와 식탁이 놓여 있어 누구나 피크닉을 즐기면서 동화에 푹 빠져 볼 수 있다. 풀밭을 달리며 이아가 묻는다.

"아빠, 하이디랑 클라라랑 피터랑 정말 여기에서 살았어?"

"그럼, 그럼."

하이디는 분명 그곳에 살고 있었다. 전나무 숲 사이로 불어오는 시원한 바람, 마이엔펠트 사람들과 나누는 따뜻한 이야기, 두고두고 기억에 남을 알프스의 동화 마을 마이엔펠트, 우리 가족은 그렇게 세 명의 어린이가 되어 하이디가 거닐던 언덕을 내려오고 있었다.

○ 가는 방법

취리히에서 마이엔펠트로 가려면 쿠어 행 EC(유로시티), IC(인터시티), IR(인터레기오)를 타고 자르간스에서 내려 마이엔펠트 행 완행기차로 바꿔 타야 한다. 취리히 중앙 역에서 자르간스까지 1시간 10분, 자르간스에서 마이엔펠트까지는 12분 정도 걸린다.

○ 꼭 봐야 할 곳

하이디 공원, 하이디 하우스(박물관), 하이디 호텔, 피터네 집, 산 속 오두막, 요한나 슈피리의 산책로, 하이디 레스토랑, 마이엔펠트 시청, 브란디스 성과 포도원(마이엔펠트 입구에 있는 성), 에그토르켈(와인 판매소).

○ 숙박

마이엔펠트는 작은 마을이지만 하이디 호텔과 알펜로제 호텔 등 작은 호텔이 몇 개 있다. 마이엔펠트에서 숙박을 원하는 경우 직접 보고 예약을 하는 것이 좋다. 하이디 호텔을 제외하고는 대부분 역 앞에 위치해 있어 쉽게 찾을 수 있다.

www.switzerland-hotel.net

○ 근교 명소

리히텐슈타인 _ 자르간스 역에서 PTT(우편) 버스를 타거나 마이엔펠트에서 택시를 타면 된다. 걷는데 자신이 있다면 리히텐슈타인까지 걸어갈 수도 있다. 이곳에는 아름다운 성과 독특한 우표를 전시해 놓은 전시장, 앙증맞은 카페 등 흥미로운 볼거리가 많다.

생 모리츠 _ 고급 휴양지로 다양한 레저와 각종 이벤트, 음악회, 온천을 즐길 수 있다. 생 모리츠에서 버스를 타거나 걸어 갈 수 있는 실스마리아 마을에는 니체의 기념관이 있다. 이 마을은 니체가 8년 동안 생활하면서 《짜라투스트라는 이렇게 말했다》를 집필했던 곳이기도 하다. 마이엔펠트에서 쿠어로 이동한 후 기차를 바꿔타야 하는데 마이엔펠트에서 2시간 30분이 걸린다. 유레일패스 사용 가능.

다보스 _ 매년 세계경제포럼이 개최되는 휴양지. 봄부터 가을까지는 등산, 레저를 즐길 수 있고

About Writer

요한나 슈피리 Johanna Spyri (1829~1901)

1880년 스위스의 여류 작가 요한나 슈피리가 발표한 《알프스의 소녀 하이디》는 100년에 걸쳐 50개 언어로 번역된 세계적인 베스트셀러다. 마이엔펠트 근처의 산촌 마을 헤르첼은 슈피리의 따뜻한 사랑을 느낄 수 있는 곳이다. 그녀의 유언에 따라 현재 양로원으로 사용하고 있는 생가에는 그녀가 사용했던 첼로와 피아노를 비롯하여 초상화 등이 남아있다. 또 100여 미터쯤 떨어진 곳에 그녀의 어머니가 태어난 집과 박물관이 있다. 박물관에는 슈피리의 초상화와 가족 사진을 중심으로 19세기 헤르첼 마을의 전경과 동화에 등장하는 인물을 인형으로 제작하여 전시하고 있으며, 그녀가 가장 소중히 간직했던 편지와 펜 등 다양한 물품도 전시되어 있다. 전시품 가운데 가장 시선을 모으는 것은 역시 《알프스의 소녀 하이디》의 원본과 최초로 발간된 동화책. 헤르첼과 취리히에 살고 있는 요한나 슈피리의 후손들도 가끔 들러 그녀에 관한 이야기를 들려준다.

겨울에는 마을 전체가 스키장이 된다. 겨울철 여행에 적합한 곳이다. 마이엔펠트 인근의 랜드쿼트에서 다보스 행 기차를 타면 1시간이 걸리는데 파노라마 기차에서 바라본 풍경이 장관이다. 유레일패스 사용 가능.

동화 속 주인공

하이디 _ 따스한 마음을 지닌 주인공. 1살 때 부모를 여의고 5살 때부터 할아버지와 함께 살게 된다.

클라라 _ 몸이 약하지만 하이디를 만나면서 성격이 밝아지고 혼자 힘으로 걸을 수 있게 된다.

피터 _ 할머니, 어머니와 함께 살고 있는 목동. 하이디의 둘도 없는 친구다.

아룸 할아버지 _ 산 속 오두막에서 혼자 살아가는 괴팍한 노인. 하이디 덕분에 점차 밝은 성격으로 변한다.

bremer Spielbank
Reederei

《동물음악대》의 무대 **독일 브레멘 Bremen**

600킬로미터 동화 가도의 마지막 정거장

> 당나귀 : 몇 년 동안 밀가루를 날랐는데 지금은 힘이 없어서 도움이 되지 않아.
> 개 : 힘이 떨어져서 사냥을 할 때도 속도를 낼 수 없어.
> 그래서 주인에게 맞아 죽게 생겼어.
> 고양이 : 쥐를 쫓아다니는 것보다 잠을 자는 게 더 편해졌어.
> 그래서 여주인이 나를 없애버리려고 해.
> 닭 : 주인이 내 목을 비틀어서 수프를 만들겠대.
>
> 《동물음악대》 중에서

처음 브레멘Bremen을 찾은 것은 1989년 초여름이었다. 사진기 두 대에 다섯 개의 렌즈 그리고 100롤이 넘는 필름을 배낭에 넣고 유럽 여행을 시작한 지 한 달이 지날 무렵이었다. 서울을 떠날 때만 해도 브레멘은 여행 일정에서 빠져있었다. 그러나 마르부르크에서 우연히 본 '동물음악대' 야외극 공연을 알리는 한 장의 포스터에 이끌려 이곳에 첫발을 디뎠다.

중앙 역을 지나 도심 광장 쪽으로 발걸음을 옮기면서 보이는 멋진 풍광에 정신없이 셔터를 눌렀다. 옛 도시의 향기를 간직한 아름다운 건물들과 흥미롭게 생긴 분수, 재미난 조각상, 앙증맞은 공방에 이르기까지 모든 것이 한 장의 엽서로 만들기에 충분했다. 결혼을 하고 아이가 태어나면 꼭 이곳에 함께 오리라는 다짐을 할 만큼 나는 처음부터 브레멘의 아름다움에 반해 버렸다.

독일 북부에 있는 브레멘은 베저 Weser 강 하류에 위치한 큰 항구도시지만 깨끗하고 순박한 분위기를 풍긴다. 거리를 거닐다 보면 무엇 하나 그냥 지나칠 수 없을 만큼 도시 전체가 매력적이다. 그리고 그 볼거리 가운데 빼 놓을 수 없는 것이 바로 《동물음악대》의 흔적을 찾아보는 것이 되었다.

처음 이곳에 발을 디딘 이후로 다섯 번이나 더 브레멘을 찾았는데 횟수를 거듭할수록 동화를 사랑하고 이야기를 즐기는, 순박하면서도 따뜻한 이 도시에 애정이 갔다. 처음 브레멘에 간 지 꼭 10년이 지난 1999년 여름, 나는 스스로에게 다짐한 약속을 지켰다. 아내와 딸아이를 동행하고 7월 마지막 토요일에 다시 브레멘을 찾게 된 것이다.

여름 그리고 꼭 '토요일' 이라는 요일까지 챙겨 가며 브레멘을 찾은 데에는 나름의 이유가 있었다. 일요일에만 열리는 동물음악대의 야외극을 아이에게 보여주고 싶었기 때문이다. 중앙 역에서 내리자마자 곧장 숙소로 가 짐을 풀고 광장으로 향했다. 광장은 사람들로 활기가 넘쳤다.

어린 나팔수, 돼지 가족, 무민 시리즈의 주인공인 무민 가족 등 브

'동물음악대' 공연 배우들과 아이들.

유럽에서도 아름답기로 손꼽히는 브레멘 시청과 로렌트 동상, 중세의 거리 모습을 그대로 재현한 뵈트허 거리.

레멘의 거리를 걷다 보면 흥미로운 동상들이 눈에 많이 띈다. 시청 광장의 로렌트 동상을 지나 동화의 주인공들이 모여 있는 동상 앞으로 갔다. 수십 개나 되는 여러 조각상 중 사람들이 가장 많이 모이는 곳은 동물음악대의 동상 앞이다.

유명세에 비한다면 그리 크지는 않다. 아이들은 동상 위에 올라가느라 땀을 뻘뻘 흘리고, 할아버지 할머니는 당나귀 다리를 잡고 멋진 포즈를 취한다. 기념 촬영을 위해 줄을 서서 기다리는 사람들의 행렬은 끝이 없다. 가이드의 한 마디에 귀를 기울이고 있는 세계 여러 나라의 관광객들까지 동상 앞은 그야말로 야단법석이다.

우리 가족도 사진을 찍기 위해 한참을 기다렸는데 기다리면서 이상한 공통점을 발견했다. 사람들이 하나같이 당나귀 다리를 잡고 사진을 찍는 것이었다. 그 이유가 뭘까 궁금했다. 옆에 있는 독일 여인에게 그 이유를 물었더니 그녀가 웃음 띤 얼굴로 궁금증을 해결해 주었다.

그림 형제가 《동물음악대》를 발표하기 훨씬 전부터 브레멘은 북부 유럽의 교통과 교역의 중심지로 크게 번성한 곳이다. 당시에 물건을 나르는 중요한 수단 중 하나였던 당나귀는 상인들에게 매우 소중한 존재였다. 그래서 자연히 당나귀의 다리를 보호하는 데 공을 들이게 되었다. 그런 이유로 당나귀 다리가 경제적 풍요를 가져다주는 하나의 상징이 되었다는 얘기였다.

시간이 흘러 독일인들 사이에는 당나귀 다리를 잡고 소원을 빌면 그 소원이 이루어진다는 이야기가 전해 오게 되었다고 한다. 자세히 보니 유난히 짧은 당나귀 다리가 반짝반짝 빛나고 있었다. 얼마나 많

은 이들이 당나귀의 다리를 잡고 소원을 빌었을까. 설명을 들었기 때문일까? 처음 보았을 때보다 당나귀 다리가 더 가늘어 보인다. 물론 우리 가족도 당나귀 다리를 잡고 소원 비는 것을 잊지 않았다.

다음 날 야외극을 보기 위해 시청 옆 작은 분수 광장으로 향했다. 공연이 시작되려면 30여 분이 남아 있었지만 200여 좌석은 벌써 꽉 찼고 자리에 앉지 못한 많은 사람들은 분수대 주변에 서 있었다. 걸음마를 시작한 아기부터 어린이와 젊은이, 백발의 할아버지 할머니까지 많은 이들이 공연을 기다리고 있었다.

그런 광경 사이로 바닥에 앉아 동화책을 읽으면서 곧 시작할 인형극 이야기를 주고받는 가족이 눈에 띄었다. 진지하게 책을 읽어 주는 엄마와 아빠, 이야기에 귀를 기울이는 아이들의 모습을 보니 동화를 읽고 난 뒤 마음이 점점 따뜻해지는 것처럼 잔잔한 감동이 느껴졌다.

멋진 중세 복장으로 차려입은 사회자가 무대에 오르고 곧이어 야외극이 시작되었다. 빨간색과 주황색으로 단장한 수탉, 회색 옷의 당나귀, 녹색의 개 그리고 밝은 회색과 파란색으로 분장한 고양이 모두 화려한 의상으로 눈길을 사로잡는다.

야외극이 시작되자 광장의 어른은 물론 아이들도 모두 숨을 죽였다. 숲 속의 집에서 도둑들이 차려 놓은 푸짐한 음식을 먹고 싶어 지혜를 짜내는 모습이나, 동물들이 목청을 돋워 음악을 연주하자 도둑들이 혼비백산하여 도망가는 장면에서는 배우와 관람객이 하나가 되어 즐거워한다. 언어, 인종, 나이와 성별이 다른 세계 곳곳의 사람들이 하나가 되어 즐거워하는 모습은 세대와 시대를 뛰어넘는 동화의 진정한

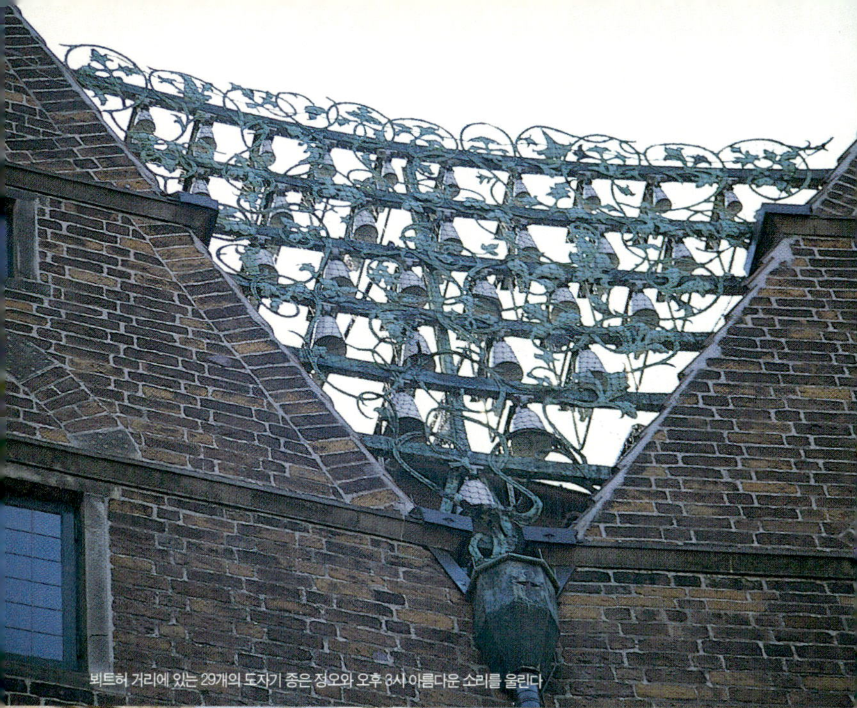

뵈트허 거리에 있는 29개의 도자기 종은 정오와 오후 3시 아름다운 소리를 울린다

의미를 느끼게 한다.

야외극을 공연하는 배우들은 브레멘의 발다우 극장에 근무하는 배우들인데 자원 봉사로 공연을 하고 있다. 공연이 끝나면 아이들에게 둘러싸여 기념 촬영도 해주고 질문과 사인 공세까지 받느라 바쁜 모습이다. 동화 사랑을 실천하고 있는 그들을 보니 '동화 왕국 독일'의 명성을 이어가는 힘의 근원이 무엇인지 느낄 수 있었다.

공연이 끝난 뒤 분장실 앞에서 닭을 연기한 크리스티네 렌켄 부인을 만났다. 그녀의 이야기에 따르면 독일 사람들은 아이들이 어렸을 때부터 전래 동화를 들려주거나 자연스럽게 그들의 '문화유산에 대한 사랑'을 심어 주기 위해 노력하고 있단다. 동화를 단순한 옛날 이야기가 아니라 전통으로 만들어 가는 이들의 노력이 아름답다.

브레멘은 동화 외에도 볼거리가 무궁무진한 곳이다. 그 중 가장 돋보이는 곳이 로렌트 동상과 얼굴을 마주하고 있는 시청과 뵈트허 거리다. 브레멘 시청은 유럽에서 가장 아름다운 시청 가운데 하나다. 1410년에 완공된 시청은 전체적인 분위기는 고딕 양식이지만 1605년에 개축하면서 입구 쪽을 베저 르네상스 양식으로 개조하여 두 양식이 혼합된 독특함을 자랑한다.

또 동물음악대 동상 건너편에는 화려하고 진귀한 것으로 가득한 뵈트허 거리가 있다. 보행자 전용 거리인 골목을 따라 걷다 보면 어디가 상점이고 어디가 박물관인지 구분이 안 될 정도로 문화적 향기가 넘친다.

뵈트허 거리는 한때 가난한 이들의 거리였지만 지금은 중세의 거리를 재현해 놓아 거리 그 자체가 예술품이라 불릴 만큼 아름답다. 유명한 커피무역상이자 예술 후원자인 루트비히 로젤리우스 Ludwig Roselius가 집을 한 채씩 사들이고 유명 화가와 건축가들의 도움을 받아 예술의 거리로 새롭게 거듭났다.

뵈트허 거리에서는 아름다운 종소리를 감상할 수 있다. '종의 집'이라 불리는 두 건물 사이에 설치된 29개의 브레멘 종은 모두 도자기로 만들어져 맑은 소리를 낸다. 매시간 다른 음을 내도록 조율해 놓았는데 특히 정오와 오후 3시에 연주되는 선율은 환상적이다. 아름다운 종소리와 어우러진 뵈트허 거리는 그래서 더욱 깊은 감동으로 남는다.

신비한 종소리가 울리는 도시, 빨간색과 흰색으로 꾸며진 화려한 꽃밭, 그 사이의 풍차, 오랜 도시의 향기를 간직하고 있으면서도 다양한 풍물을 만날 수 있는 거리, 동물들의 모험을 담은 동화와 그 동화의 주인공으로 장식된 골목, 아름다운 광장과 위풍당당한 건물들이 있는 브레멘.

지금까지 1000여 개가 넘는 크고 작은 도시를 여행하면서 독특한 역사를 지닌 곳을 많이 만났다. 그 많은 도시 중에서 만약 '지구촌 최고의 도시 베스트 10'을 꼽으라고 한다면 나는 망설이지 않고 《동물음악대》의 무대인 브레멘을 들 것이다. 브레멘에는 동화의 무대를 넘어서 다양하고 독특한 문화와 아름다운 볼거리가 있다. 딸과 함께 꼭 가고 싶은 곳, 딸에게 꼭 보여주고 싶다는 생각이 이렇게 간절했던 도시는 그리 많지 않았다.

○ 가는 방법

프랑크푸르트에서 비행기를 타면 1시간 정도 걸리지만 공항에서 시내까지 이동하는 것을 감안하면 기차를 이용하는 것이 빠르고 편리하다. 프랑크푸르트에서 브레멘까지 ICE를 이용하면 4시간, 함부르크에서는 1시간이 걸린다.

○ 꼭 봐야 할 곳

야외극, 동물음악대 동상, 사육사의 동상, 무민 동상, 어린 나팔수 동상, 시청, 풍차, 상인들의 회의 장소였던 쉬팅, 로렌트 동상, 모자이크와 양각의 석조물이 아름다운 대성당, 뵈트허 거리와 그곳의 작은 미술관과 공방.

○ 숙박

무역 도시인 브레멘에는 국제적인 체인 호텔을 비롯하여 다양한 숙박 시설이 있다. 기차역 주변의 비지니스 호텔이나 도심에 있는 호텔을 이용하는 것이 편리하다. 주중에는 미리 호텔을 예약하고 가는 것이 좋고 주말에 해당하는 금요일부터 일요일 사이에 투숙할 경우 도착하여 숙소를 구하는 편이 훨씬 유리하다. 독일의 도시는 주말 요금이 주중 요금보다 저렴하다.

www.bremen.de

○ 근교 명소

페르덴 _ 로컬 기차인 RE를 이용해 25분이면 갈 수 있는데, 동화의 무대를 재현해 놓은 프라이차이트 파크가 볼 만하다. 프라이차이트 파크에서 가장 눈에 띄는 곳은 메르헨 발트(동화의 숲)로, 그곳에는 백설공주와 헨젤과 그레텔 같은 동화의 무대를 재현해 놓은 놀이 시설이 있다. 대성당 앞에 있는 말 박물관은 누구나 쉽게 찾아갈 수 있는데, 말 사육에 필요한 도구와 말의 종류에 대한 다양한 자료가 보관되어 있다.

보르프스베데 _ 브레멘 중앙 역에서 출발하는 버스로 45분이면 갈 수 있다. 인구는 9,000여 명으로, 이 가운데 약 15퍼센트의 주민이 예술과 관련된 일을 하는 예술인 마을. 미술관과 공방이 있고, 주변이 온통 숲으로 둘러싸여 있다. 예술품을 감상하면서 여유로운 시간을 보내려는 사람들에게 적극 추천하고 싶은 곳이다.

About Book

동물음악대 *The Animal Musicians of Bremen*

옛부터 브레멘에는 성공을 꿈꾸는 여러 사람들이 각지에서 모여들었다고 한다. 설사 나이가 많거나 불경기 때문에 일자리가 없다고 해도 브레멘에 가면 뭔가 가능성이 있을 것이라는 생각에 이곳으로 모여들었는데 그런 배경을 바탕으로 탄생한 동화가 《동물음악대》다. 당시 브레멘은 독일 북쪽의 상업 도시로 9세기에는 종교적 거점이 되었고, 14세기에는 한자동맹에 가입했고, 17세기에는 제국의 자유도시가 되어 독일인에게 희망의 도시였던 셈이다.

동화로 유명해진 시청 건물 앞에는 이야기에 등장하는 네 마리 동물인 닭, 고양이, 개, 당나귀의 동상이 세워져 있다. 브레멘은 '동화의 길' 이라는 뜻인 메르헨 가도의 종착지이다. 메르헨 가도는 그림 형제가 태어난 하나우에서 시작된다. 그래서 하나우 시청 건물 앞에 그림 형제의 동상이 세워져 있고, 그 밑에는 메르헨 가도의 출발점임을 알리는 동판이 있다.

여행하기 좋은 시기

야외극을 감상할 수 있는 6~8월이나 크리스마스를 맞아 다양한 이벤트 행사가 열리는 12월이 좋다.

동화 속 주인공

당나귀 _ 나이가 많아 힘을 제대로 쓸 수도, 일을 할 수도 없다. 주인의 구박이 심해지자 악사가 되기 위해 브레멘으로 떠난다.

개 _ 약해졌다는 이유로 주인이 죽이려 하자 도망친다. 그러던 중 당나귀를 만나 브레멘으로 떠나는 여행에 동참하게 된다.

고양이 _ 쥐 잡을 힘조차 없어 매일 난로가에 앉아 있기만 하자 주인이 물에 빠뜨려 죽이려 한다. 이를 피해 브레멘으로 향하는 여행에 동참한다.

닭 _ 손님을 대접하기 위한 음식 재료로 자신을 쓸 거라는 주인의 말에 슬퍼하던 중 다른 동물들을 만나 함께 브레멘으로 떠난다.

Douglas

《피리 부는 사나이》의 무대 **독일 하멜른 Hameln**

피리 부는 사나이를 따라 아이들은 어디로 갔을까

피리 부는 사나이는 다시 거리로 나와 피리를 연주하기 시작했습니다.
그러자 어떤 훌륭한 음악가도 흉내낼 수 없는 달콤하고 부드러운 소리가 울려 퍼졌습니다.
마을의 모든 어린 아이들이 소리치고 깔깔거리며 황홀한 음악을 따라 즐겁게 뛰어갔습니다.
그렇게 사나이와 마을의 모든 어린 아이들이 마을에서 사라지고 말았습니다.

《피리 부는 사나이》 중에서

필릴리 필릴리. 피리 소리에 홀린 아이들이 하나 둘 달려나와 낯선 사나이 뒤를 따라 홀연히 사라졌다. 그 후 마을에서 아이들을 볼 수 없게 되었다는 마치 수수께끼 같은 이 이야기는 어린 시절 흥미롭게 읽었던 동화, 《피리 부는 사나이》의 결말이다. 피리 부는 사나이의 뒤를 따라간 아이들은 도대체 어디로 가 버렸을까?

'피리 부는 사나이'는 중세 독일의 전설을 19세기에 그림 형제가 동화로 재구성한 것으로 하멜른Hameln을 배경으로 하고 있다. 그로부터 100여 년이 흐른 오늘날에도 하멜른에서는 '피리 부는 사나이' 동화 축제가 열리고 있다. 하노버Hannover 남서쪽 베저Weser 강에 접해 있는 작은 도시 하멜른은, '동화의 길'이라는 뜻을 가진 메르헨 가도Märchen Straße의 중심에 위치하고 있다.

하멜른 여행은 아무래도 여름이 제격이다. 작은 언덕을 따라 이어지는 포도밭과 강가를 따라 늘어선 그림 같은 집들, 푸르다 못해 검게 느껴지는 울창한 숲은 여행객을 동화의 세계로 빠져들게 만든다. 또한 여름 시즌에만 펼쳐지는 '피리 부는 사나이' 야외극도 여름에 이곳을 찾아야 하는 이유 중 하나다.

처음 이곳을 찾은 것은 지금으로부터 10년 전이다. 이른 아침, 베저 강변에 차를 세우고 풀숲의 벌레 소리를 들으면서 나도 모르게 송창식의 '피리 부는 사나이'를 흥얼거렸다.

"나는 피리 부는 사나이. 걱정 하나 없는 떠돌이. 은빛 피리 하나 갖고 다닌다. 갈길 멀어 우는 철부지 소녀야. 나의 피리 소릴 들으려무나. 필릴리 필릴리."

언제 들어도 분위기있는 송창식의 이 노래는 하멜른의 피리 부는 사나이를 떠올리게 할 뿐 아니라, 카메라 하나 메고 세계 곳곳을 찾아다니는 나와 절묘하게 잘 맞아떨어지기 때문이다. 그래서인지 다시 하멜른에 오니 마치 고향처럼 모든 것이 정겹게 느껴진다.

하멜른에서 동화 《피리 부는 사나이》를 가장 잘 느낄 수 있는 것은

여름 시즌이면 마르크트 광장에서 매주 일요일 정오마다 '피리 부는 사나이' 야외극이 펼쳐진다.

박물관에는 《피리 부는 사나이》 동화 원본과 초판이 있다. 광대처럼 옷을 입은 사나이의 모습이 보인다.

마르크트 광장에서 펼쳐지는 야외극이다. 야외극은 매년 5월부터 9월까지 일요일 정오에 공연되는데, 광장 옆에 있는 교회의 커다란 인형 시계가 정오를 알리면 광장은 탄성으로 가득 찬다.

마르크트 광장에 모인 사람들이 인형 시계를 바라보며 이야기를 나누는 사이 무대 앞쪽의 아이들이 갑자기 손뼉을 치며 환호하기 시작한다.

"야! 피리 부는 사나이다."

"쥐다, 쥐."

광장에 모인 사람들이 일제히 환호성을 터뜨린다. 하멜른의 가장 큰 볼거리, 피리 부는 사나이 야외극이 시작된 것이다. 무대 구석구석을 헤집고 다니는 쥐들, 열심히 뛰어 노는 아이들, 삼삼오오 모여 열띤 토론을 벌이는 어른들…. 큰 소리로 의견을 제시하는 어른들과 먼지가 날 정도로 뛰어 노는 아이들의 모습은 공연이 아니라 중세의 작은 광장을 그대로 옮겨 놓은 듯 생동감이 넘친다. 700년 전 동화를 지금의 생생한 이야기로 살려내는 배우들의 연기가 실감난다.

세계 여러 나라의 동화 마니아를 열광하게 만드는 '피리 부는 사나이' 는 중세 사회의 모습을 복합적으로 보여주고 있다. 당시 사람들에게 가장 큰 피해를 끼치는 동물은 쥐였다고 한다. 곡식을 축내는 것은 물론이고 전염병의 주범이었기 때문이다.

제분업이 크게 발달한 하멜른은 먹을 것이 풍부해 도시 전체에 쥐가 들끓어 마을 사람들의 일과 중 하나가 쥐잡기였을 정도였다. 전문 쥐잡이들도 각광을 받았는데, 이들은 마을을 돌아다니며 쥐를 잡기도 하고 피리나 악기를 연주하는 공연을 벌여 인기가 높았다고 한다. 이런 배경에서 탄생한 동화가 바로 《피리 부는 사나이》다.

야외극에 참여하는 80여 명의 배우들은 하멜른의 시민들로 모두 자원봉사로 공연을 하고 있다. 피리 부는 사나이 역할을 맡은 배우는 관광안내소의 직원이고, 쥐와 아이로 분한 배우들은 초등학생이며, 시민이나 군주로 분장한 이들은 시의회 의원이나 공무원, 교사 등이다. 아버지와 아들, 혹은 할아버지와 손자, 손녀 등 온 가족이 연극에 참여하는 경우도 있다고 한다.

하멜른에는 이색적인 볼거리가 많다. 우선 쥐 모양 요리를 맛볼 수 있는 '라텐팽어 레스토랑' , 피리 부는 사나이를 따라 행진하는 쥐 인형이 나오는 시계, 아름다운 베저 르네상스 양식의 라이스트 하우스, 멋지고 화려한 결혼의 집과 로맨틱한 분위기의 집들 그리고 쥐 모양 빵을 파는 빵집과 토산품 가게도 볼 수 있다.

처음 이곳을 찾았을 때만 해도 피리 부는 사나이의 흔적을 찾기 위해 작은 지도를 들고 크고 작은 광장과 골목을 헤매야 했다. 하지만 지금은 주요 장소마다 사인 보드가 설치되어 있어 누구라도 쉽게 찾을 수 있다. 어디 그 뿐인가. 역을 나와 도심으로 들어서면 길바닥에 그려진 쥐 그림이 동화의 길을 안내하고 있어 이곳 저곳을 천천히 누벼 보는 여유를 만끽할 수 있다.

동화의 흔적을 더 자세히 느끼고 싶다면 라이스트 하우스Leisthaus로 가야 한다. '피리 부는 사나이 박물관' 이라는 애칭으로 더 유명한 라이스트 하우스에 들어서면 피리 부는 사나이의 조각상이 보인다.

아이들을 끌고 마을을 떠나는 사나이와 그를 지켜보는 군주와 시민들의 모습은 사실적이다. 피리 부는 사나이 박물관에서 가장 중요한 소장품은 역시 동화에 관련된 다양한 책들. 원본을 비롯하여 각국 언어로 번역된 책들은 동화 마니아들을 흥분시키기에 충분하다.

동화책 건너편으로 피리 부는 사나이 영화 포스터와 13세기 후반의 하멜른 전경이 담긴 초대형 그림이 보인다. 13세기 시가지 전경과 지금의 도시 모습이 거의 비슷하다. 하멜른 시민들이 옛 것을 지키기 위해 얼마나 노력하는지 짐작이 간다.

라이스트 하우스에서 가장 눈에 띄는 것은 세계적 대문호 괴테가 하멜른의 피리 부는 사나이를 위해 쓴 서시와 피리다. 당대 최고의 지

MUSEUM

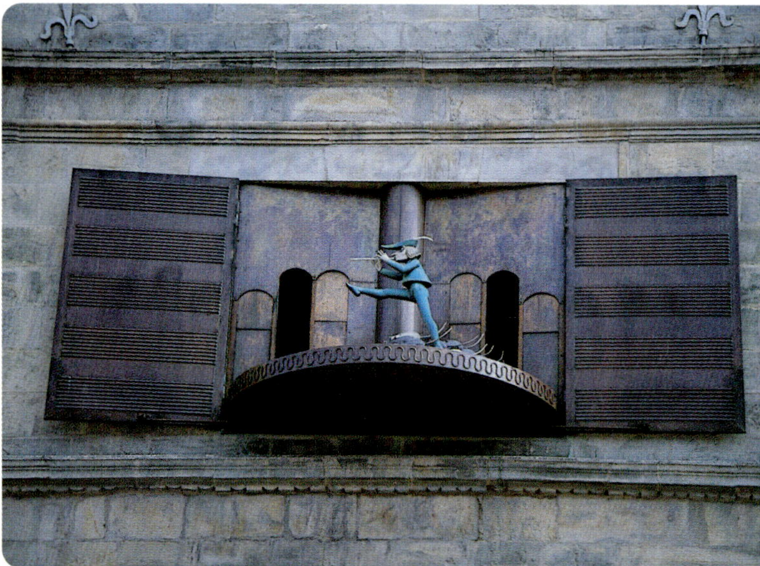

성을 자랑하는 그가 동화의 주인공을 위해 시까지 지어 올렸다는 가이드의 설명을 들으니 독일인들이 얼마나 동화를 사랑하고 아끼는지 감탄스러울 따름이다.

하멜른의 명소 중 하나는 '쥐요리'로 유명한 레스토랑 라텐팽어 하우스 Rattenfängerhaus이다. 이곳은 독일은 물론 유럽에 널리 알려진 레스토랑이다. 물론 진짜 쥐로 요리를 하는 것은 아니고 돼지고기로 쥐꼬리 모양 요리를 만든다. 처음 이곳을 찾았을 때만 해도 일요일에 예약없이 맛있는 쥐꼬리 요리를 맛 볼 수 있었다. 하지만 다시 찾았을 때는 번번이 발길을 돌릴 수밖에 없었다. 하멜른에서 쥐꼬리 요리를 맛보려면 반드시 예약을 하자. 라텐팽어 하우스 옆 뷰겔로자인 거리는 동화에서 피리 부는 사나이가 아이들을 데리고 사라진 곳이다. 그 길을 걷고 있자니 중세로 시간 여행을 떠난 듯한 기분에 젖는다.

하멜른은 '피리 부는 사나이'와 '쥐'만 있는 것 같지만 베저 르네상스 양식의 아름다운 건물들이 즐비한 곳으로도 유명하다. 중세의 대표적인 무역 도시였던 하멜른은 부를 바탕으로 아름답고 정교하게 장식한 집을 짓기 시작했다. 그 결과 하멜른은 베저 르네상스 건축물들이 살아 숨쉬는 도시로 그 매력을 더한 셈이다.

아름다운 숲과 나무를 배경으로 쭉 뻗은 길과 꼬불꼬불 이어진 골목, 분수와 독특한 조각상…. 700년 전의 모습을 고스란히 간직한 하멜른은 '메르헨 가도의 보석'으로 불리기에 부족함이 없다. 일상에서 지친 마음을 따뜻한 동심으로 재충전시키고 싶을 때는 언제고 하멜른으로 발걸음을 재촉할지도 모르겠다.

가는 방법

브레멘에서 하노버를 경유하여 가는 방법과 카셀에서 가는 방법이 있는데, 하노버 경유 코스가 빠르고 편리하다. 브레멘에서 하노버까지는 ICE를 이용하면 1시간, 하노버에서 하멜른까지는 로컬 기차로 45분이 걸린다. 매시간 2대씩 운행되고 있다.

꼭 봐야 할 곳

동화의 배경을 둘러보는 산책로, 피리 부는 사나이 야외극, 마르크트 교회와 인형 시계, 라이스트 하우스, 레스토랑 라텐펭어 하우스, 결혼의 집, 베저 강, 시민 정원, 마르크트 광장과 라이스트 하우스 주변의 골목.

숙박

하멜른에는 작은 호텔이 10여 개 있다. 연중 많은 관광객이 찾고 있으나 대부분 인근 도시에서 숙박을 해결하는 사람이 많아 오전에 도착하면 어렵지 않게 원하는 숙소를 구할 수 있다. 또한 도심에 작고 예쁜 호텔들이 있어 여행하기에 편리하다.
www.hameln.de

근교 명소

하노버 _ 유럽 최고 수준을 자랑하는 슈프렝겔 박물관, 세련된 시청과 독일이 자랑하는 바로크 양식의 헤렌하우스 정원을 비롯 연중 개최되고 있는 각종 박람회 등 흥미로운 볼거리가 많다. 로컬 기차로 45분이 걸린다.

힐데스하임 _ 로마네스크 문화의 중심지로 저마다 독특한 개성을 지닌 교회와 박물관 등이 있다. 힐데스하임을 가장 효과적으로 둘러보려면 로젠 루트(장미 가도)를 따라 이동하면 된다. 하멜른에서 로컬 기차로 55분 걸린다.

아인벡 _ 인구는 3만 명에 불과하지만 중세 때는 600여 곳이 넘는 양조장이 있었던 독일 최대의

About Book

피리부는 사나이 *The Pied Piper of Hamelin*

그림 형제에 의해 19세기에 수집된 이야기 《피리 부는 사나이》는 약 30여 개의 언어로 번역, 출판되었다. 하지만 특별히 어떤 배경에서 이 이야기가 만들어졌는지는 전해지지 않고 있다. 다만 당시의 지배 계급이 프러시아 같은 몇몇 동유럽 국가를 식민지로 만들면서 하멜른의 시민을 새로운 영토에 이주시킬 필요가 있었다. 도시의 시민들을 종종 '도시의 아이들'로 불렀으며, 하멜른에서 쥐로 인한 전염병이 창궐했다는 사실이 다양하게 결합되면서 이야기가 만들어진 것으로 추정된다.

또 게르만족의 동부 개척 시기에 젊은이들을 동부로 집단 이주시킨 사실을 표현한 것이라는 주장도 있고, 1212년에 독일 어린이 수천 명을 이끌고 어린이 십자군 운동에 참여해 전사한 니콜라스를 비유한 것이라는 주장도 있다. 옛 이야기에서 구체적인 지명이 나타나는 경우는 드문데, 하멜른처럼 지명이 언급될 때는 그 이야기가 실제로 일어났던 사건과 연관이 있을 것이라는 것이 동화 연구가들의 대체적인 의견이다.

술 고장으로 유명하다. 흥미로운 건축물과 성서에 나오는 이야기 조각으로 장식된 건물과 '라츠바게'라는 시립화물 계량소 등 볼거리가 많다. 하멜른에서 로컬 기차로 1시간 걸린다.

○ 동화 속 주인공

피리 부는 사나이 _ 피리를 불어 마을의 쥐를 모두 강으로 몰아 넣지만 마을 사람들이 돈을 주기로 한 약속을 지키지 않자 동네 아이들을 모두 데리고 사라진다.

읍장과 마을 사람들 _ 마을에서 쥐가 사라지자 약속한 보상금을 주지 않고 피리 부는 사나이를 쫓아내려고 한다.

《허풍선이 남작의 모험》의 무대 **독일 보덴베르더 Bodenwerder**

나보다 더 허풍 센 사람은 없을걸?

"나는 목이 말라서 헉헉거리고 있는 말을 광장의 우물로 데리고 가서 물을 먹였습니다.
그리고 부하들을 찾기 위해 말머리를 돌리려는 순간 깜짝 놀랐습니다.
가엾게도 내 말의 반쪽, 엉덩이 부분과 두 다리가 잘려 나간 것이었습니다.
그래서 말은 아무리 마셔도 그 물이 뒤로 폭포처럼 쏟아져
갈증이 풀리지 않았던 것이었습니다." 《허풍선이 남작의 모험》 중에서

대포알을 타고 날아간 일, 거대한 해협에 무지개 다리를 놓아 건너간 일, 물고기 뱃속에 갇혔다 빠져나온 일, 다윗이 골리앗을 쓰러뜨린 투석기로 적과 싸운 일, 화산을 통해 지구 반대편으로 나온 일….

듣기만 해도 유쾌한, 역사상 가장 황당무계한 허풍이다. 이 허풍의 주인공은 18세기 러시아 군대의 장교로 근무했던 실존 인물, 뮌히하우

군인이자 사냥꾼, 여행가였던 뮌히하우젠 남작의 다양한 유품이 전시되어 있는 뮌히하우젠 박물관.

젠 남작이다. 《허풍선이 남작의 모험》으로 잘 알려진 뮌히하우젠 남작의 흔적을 찾을 수 있는 곳은 독일의 보덴베르더 Bodenwerder라는 아담한 농촌 마을이다.

근처의 하멜른을 여러 차례 들렀기 때문에 하노버 중앙 역에서 출발하는 S반을 타고 보덴베르더로 향하는 기차에서 바라보는 풍경은 그리 낯설지 않았다. 기차에서 내려 다시 버스를 타고 도착한 보덴베르더는 들판과 강이 어우러져 있고 주변이 온통 산으로 둘러싸인 전형적인 독일의 시골 마을이다. 바로 이곳에서 세계적인 허풍쟁이 뮌히하우젠 남작이 태어났다.

'칼 프리드리히 히에로님스 폰 뮌히하우젠 Karl Friedrich Hieronymus ron Münchhausen' 이라는 아주 긴 이름을 가진 그는 1720년에 태어났다. 17세에 군인이 되어 여러 전투에 참가했고, 사냥꾼으로 여행가로 세계 여러 곳을 다녔다고 한다. 그의 허풍이 얼마나 유명했으면 동화의 주인공이 되어 지금도 많은 이들의 기억 속에 생생하게 살아있는 걸까?

동화를 읽었다면 누구나 알겠지만 뮌히하우젠 남작의 허풍은 단순한 거짓말로 치부하기엔 아까울 만큼 창의적이고 위트가 넘친다. 뿐만 아니라 이야기에 몰입하다 보면 정말 그런 일이 있지 않았을까 하는 착각에 빠져들게 된다. 그는 실제로 노년에 자신의 저택에 사람들을 불러모아 동화처럼 재미난 모험담을 들려주곤 했다.

시내에 들어서자 허풍선이 남작을 곳곳에서 만날 수 있었다. 먼저 보덴베르더의 중심이자 마을의 얼굴인 시청과 교회 앞 광장으로 갔다. 이곳 잔디 광장에는 18세기 후반에 세워진 독특한 동상이 있다. 바로 허리가 잘린 말을 타고 있는 허풍선이 남작의 동상이다. 말의 몸통에서 물줄기가 뿜어져 나오는, 동화의 한 장면을 재현한 것이다.

남작은 터키 오차코프 전투에서 용맹한 말을 타고 적진을 향해 돌진하는데 갑자기 성문이 닫히는 바람에 반으로 잘린 말을 타고 적을 무찌른 후 말에게 물을 먹인다. 그런데 우물의 물을 모두 마시고도 말의 갈증은 풀리지 않았다. 이상하다 싶어 뒤를 보았더니 말의 몸통이 반으로 잘려 아무리 물을 마셔도 모두 흘러버렸다던, 그 장면이다.

이 동상의 오른쪽에는 허풍선이 남작에 관한 자료를 모아 둔 박물관이 있다. 독일 중부의 건축 스타일로 지어진 이 박물관의 공식 이름은 뮌히하우젠 박물관 Münchhausen Museum이다. 제법 큰 규모의 3층 박물관 입구에는 허풍선이 남작의 동상과 당시 마을 전경을 그려 놓은 그림들이 전시되어 있다.

동화에 관한 자료는 2층과 3층에 전시되어 있는데, 1740년에 쓰여진 오리지널 원고를 비롯하여 최초로 발간된 책과 세계 여러 나라 언어로 번역된 책, 남작이 쓰던 책상과 의자에 이르기까지 약 200여 점이 넘는 자료가 있었다. 오리지널 원고와 작품에 등장했던 많은 소품을 볼 수 있어서 이곳을 찾아온 보람이 있었다.

색이 바랜 오리지널 원고는 화려한 그림 대신 섬세하게 그려진 몇 장의 펜화와 글씨가 전부지만 정교하고 세련된 느낌을 준다. 그 옆으로는 최초로 출간된 동화책 《허풍선이 남작의 모험》이 수록된 독일 동화책 전집이 진열되어 있다. 그런데 책을 출간한 곳을 보니 흥미롭게도 그림 형제가 강의를 했던 대학 도시 괴팅겐 Göttingen이다.

베저 강변의 보덴베르더 전경. 16~17세기의 목조 가옥이 그대로 보존되어 있다.

연관이 있을 듯해서 자료를 찾아보니 영국의 왕 조지 2세가 1737년에 설립했다고 알려진 괴팅겐 대학의 실제 창립자는 뮌히하우젠의 사촌인 게르라흐 아돌프 프라이헤어 폰 뮌히하우젠 Adolph Freiherr von Münchhausen(1688~1770)이었다. 또 《허풍선이 남작의 모험》의 작가 루돌프 에리히 라스페는 괴팅겐 대학 도서관에서 근무할 때 뮌히하우젠 남작의 이야기를 듣게 되었고, 독특한 매력에 이끌려 작품을 쓰게 되었다고 한다. 괴팅겐과 연관이 있는 것은 분명한 것 같았지만 더 자세한 내용은 알 길이 없었다.

오리지널 원고 옆에는 세계 각국에서 발행된 《허풍선이 남작의 모험》 동화책이 전시되어 있는데, 반갑게도 우리나라 책도 있었다. 또 남작이 대포알을 타고 적진을 둘러보았다고 허풍을 치던 대포 외에도 동화와 관련된 흥미로운 것들이 수백 점 전시되어 있었다.

3층에는 허풍선이 남작의 대형 캐릭터 인형과 남작이 일상생활에서 쓰던 물건이 전시되어 있는데, 이곳에서 놓치지 말아야 할 곳은 동쪽으로 난 창문. 바로 이 창문에서 남작이 실제 살았던 숲 속의 저택이 보인다. 뮌히하우젠 남작의 저택은 보수 공사 중이라 내부를 볼 수는 없었다.

박물관을 나와 예쁜 돌길을 따라 걷다 보면 교회를 만나게 된다. 아름다운 스테인드글라스로 장식된 교회는 마을의 역사를 보여주는 소박한 유물을 간직하고 있었다. 교회를 지나자 보덴베르더에서 가장 번화하다는 작은 광장이 나타났다. 이곳에는 시청 광장의 허풍선이 남작 동상보다 훨씬 큰 동상이 있다. 대포 위에 올라앉아 있는 남작과

Bücher Ecke

뮌히하우젠 박물관. 허풍선이 남작과 동화에 관련된 자료가 있다.

오리가 끄는 줄을 잡고 하늘을 나는 남작의 모습이다.

많은 여행객이 동상을 배경으로 기념 사진을 찍고 있었고, 광장 주변의 기념품 가게에는 사람들이 삼삼오오 모여 물건을 사는 등 활기가 넘쳤다. 광장과 거리를 둘러보노라니 보덴베르더가 확실히 '허풍선이 남작의 도시'라는 것을 느낄 수 있었다.

카페와 레스토랑은 물론이고 책방과 토산품을 파는 가게, 약국과 병원에서도 남작의 캐릭터를 이용한 간판이 눈에 띄었다. 유쾌하면서도 결코 밉지 않은 허풍선이 남작을 떠올리면서 보덴베르더의 이곳저곳을 둘러보는 발걸음은 즐거웠다.

보덴베르더는 작고 소박한 곳이지만 아름다운 조각으로 장식된 17~18세기의 목조 건물과 600년이나 된 망루와 공방 등 자잘한 볼거리도 많았다. 물론 뮌히하우젠 남작의 허풍과는 대조적으로 하나같이 소박하게 꾸며져 있었지만.

보덴베르더는 《라푼첼》의 무대인 트렌델부르크와 더불어 유럽 동화마을 중 가장 작은 마을이지만 동화를 아끼고 사랑하는 마음은 어느 곳 못지 않았다. 뮌히하우젠 남작의 유쾌한 모험담이 세상 사람들에게 즐거움을 주는 한 보덴베르더를 찾는 발걸음도 계속될 것 같다.

○ 가는 방법

대중교통을 이용하여 보덴베르더로 가는 방법은 두 가지인데, 하노버 중앙 역에서 S반 5호선을 타고 엠머텔로 간다. 역에서 나와 오른쪽으로 200미터쯤 떨어져 있는 버스 정류장에서 520번 버스를 타면 된다. 또 하나는 하노버 중앙 역에서 하멜른까지 S반 5호선을 이용한 다음 하멜른 버스 정류장에서 520번 버스를 타면 된다. 엠머텔 코스는 1시간 20분, 하멜른 코스는 1시간 30분으로 거의 비슷하다. 어느 곳에서 버스를 이용하든 반드시 '임 하겐 보덴베르더'에 간다고 해야 한다. 유레일패스가 있으면 버스를 이용할 수 있다.

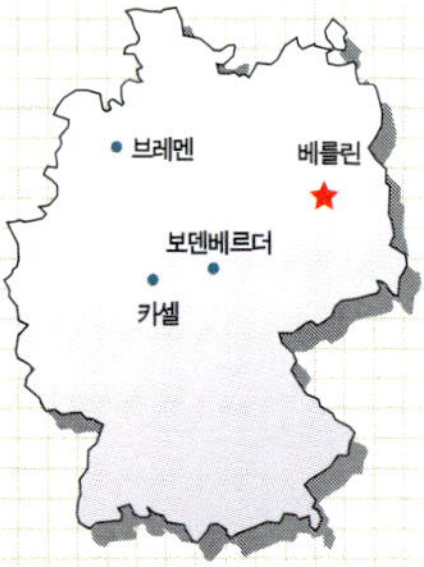

○ 꼭 봐야 할 곳

시청 광장에 있는 허풍선이 남작 동상, 뮌히하우젠 박물관, 남작의 집, 1407년에 세워진 공방, 마을 입구에 위치한 망루, 교회, 시청 옆에 있는 관광안내소, 베저 강변, 봄부터 초가을까지 운행되는 유람선 투어.

○ 숙박

보덴베르더는 작은 농촌 마을이지만 독일인들에게 사랑받는 곳이다. 파크 호텔을 비롯하여 5개의 호텔과 50여 개가 넘는 펜션과 음식점을 겸한 가스트 호프 그리고 짐머프라이라는 민박집 등이 있어 숙소를 구하는데 어려움은 없다. 하노버나 하멜른에 비해 저렴하다.

www.bodenwerder.de

○ 근교 명소

엠머텔 _ 보덴베르더의 관문. 작은 마을이지만 외곽에 여러 성과 저택들이 있어 휴식을 즐기기에 좋다. 하노버에서 S반 5호선을 타면 50분 걸린다.

폴리 _ 보덴베르더에서 버스와 유람선을 이용하여 20분이면 갈 수 있는 작은 마을로, 아름다운 고성이 있어 한적한 시간을 보내기에 그만이다.

About Writer

루돌프 에리히 라스페 Rudolph Erich Raspe (1737~1794)

1737년 독일 하노버에서 태어났다. 괴팅겐 대학과 라이프치히 대학에서 자연사와 고대 유적을 공부했다. 졸업 후 하노버 대학과 괴팅겐 대학 도서관에서 일을 하며 철학 서적 번역을 시작했다. 1762년 과학적 에세이 연작을 출간했으며 문학적 재능도 탁월하여 아일랜드의 전설적 시인인 오시안의 시를 번역하기도 했다. 라스페는 고생물학, 광물학, 고고학과 석판술, 건축과 그림, 오페라 등 다양한 분야에 관심이 많았다. 그러나 1775년 이탈리아로 고미술품 수집 여행을 떠났다가 은화 이천 개를 훔쳐 달아나면서, 그의 인생 행로는 기이하게 탈바꿈하기 시작했다. 간신히 영국으로 달아난 라스페는 곤궁한 세월을 보내면서도 여러 분야에 대한 잡다한 관심을 거두지 못한다.

1781년에는 《유화 그림의 기원에 대한 에세이》, 1785년에는 뮌히하우젠 남작의 허풍을 담은 《허풍선이 남작의 모험》을 영국에서 출간했다. 1786년 독일의 낭만주의 시인 아우구스트 뷔르거가 다시 독일어로 번역하면서 13편의 이야기를 더 보태 《뮌히하우젠 남작의 놀라운 수륙 여행과 유쾌한 모험》이라는 제목으로 출판했는데 이 작품이 세계적으로 가장 많이 알려져 있다. 라스페는 말년에 이르러 노다지 사기극을 벌이기도 했다. 스코틀랜드의 한 광산에서 보석이 나온다고 광산주를 속여 투자금을 받고 도망친 것. 그리고 아일랜드 남서부 머크로스 지방에 숨어 지내다가 결국 1794년 사망했다.

《허풍선이 남작의 모험》은 1785년에 처음 출간된 후 19세기 전반에 걸쳐 가장 널리 읽힌 모험담 중의 하나다. 당대의 삽화가들뿐만 아니라 금세기의 예술가들에게도 많은 영향을 미쳤으며 여러 번에 걸쳐 영화화되었다. 또한 병적으로 거짓말을 일삼는 증후군을 가리키는 정신의학적 용어 '뮌히하우젠 증후군'은 동화의 주인공 이름에서 빌어 온 것이다.

○ 동화 속 주인공

뮌히하우젠 남작 _ 물고기 뱃속에 갇혔다 빠져나온 일, 다윗이 골리앗을 쓰러뜨린 투석기로 적과 싸운 일을 비롯하여 북극 여행, 달나라 여행, 화산 속 모험 등 시공간을 넘나들며 종횡무진 활약했다는 세계적인 허풍으로 유명해진다.

《라푼첼》의 무대 **독일 트렌델부르크 Trendelburg**

마법의 성을 지나 숲을 건너…
슬픈 그녀

"라푼첼, 라푼첼, 머리채를 늘어뜨리렴." 그러자 기다란 머리채가 아래로 내려왔습니다. 왕자는 그것을 타고 올라갔습니다. 그가 탑 속으로 들어서자 라푼첼은 몹시 두려워했습니다. 그러자 왕자는 다정한 말투로, 자신은 그녀의 노래에 감동한 나머지 그녀를 꼭 보아야만 마음이 진정될 것 같아 오게 되었다고 이야기했습니다.

《라푼첼》 중에서

목가적인 마을과 아담한 도시가 모여 있는 중부 독일은 '동화의 보고'다. 그림 형제의 박물관이 있는 카셀에서 《라푼첼》의 무대인 트렌델부르크Trendelburg로 향하는 길은 조금 색다르다. 독일을 상징하는 흔한 아우토반도 없고, 활기 넘치는 도시도 드물다. 보이는 것은 그저 작은 마을과 끝이 보이지 않을 정도로 넓은 구릉 그리고 울창한 숲 뿐이다.

'동화의 나라' 로 불리는 독일에는 동화만큼이나 세계적으로 유명한 숲이 많다. 그 중 하나가 바로 트렌델부르크를 중심으로 주변에 펼쳐진 라인하르트 숲이다. 그리고 트렌델부르크 성에는 마녀의 눈을 피해 사랑을 속삭이던 라푼첼과 왕자의 슬프지만 아름다운 이야기가 전해져 온다.

트렌델부르크는 인구가 고작 6천여 명인 작은 도시로 13세기에 건축된 트렌델부르크 성을 중심으로 마을이 발달했다. 디메르 강이 유유히 흐르는 조용하고 조그만 마을에 불과하던 트렌델부르크는 1907년에 발간된 그림 형제의 동화《라푼첼》의 배경이 된 곳으로 알려지면서 유명해졌다.

카셀에서 버스를 타고 한 시간쯤 달리자 운전 기사가 내릴 준비를 하라고 손짓을 한다. 독일의 시골까지 찾아 온 이방인에 대한 배려일까. 운전 기사는 정류장도 아닌 곳에 버스를 세우고, 이 위쪽이 바로 라푼첼의 무대라며 친절하게 가르쳐준다. 고맙다는 인사를 하고 버스에서 내리자 높은 산 위에 우뚝 솟은 고성이 보인다. 바로 라푼첼이 갇혀 있던 그 성이다. 가파른 언덕 탓인지 정상에 우뚝 서 있는 성은 매우 높고 웅장해 보인다.

가까이 다가가 보니 성의 모양이나 분위기가 영락없이 동화책에서 보던 그대로다. '너무 똑같잖아.' 라는 말이 절로 나왔다. 라푼첼이 긴 머리를 창문 아래로 내려놓던 탑은 음산한 분위기와 색깔까지 동화와 완벽하게 닮아 있다. 상상 속의 공간과 너무 똑같아서 금방이라도 저 위에서 라푼첼의 머리가 늘어뜨려질 것만 같다.

는 호텔로 사용되는 트렌델부르크 성에서 가장 비싼 스위트룸.
젤이 지냈을 법한 동화 속의 방처럼 꾸며져있다.

적갈색의 돌을 쌓아 올린 트렌델부르크 성은 보는 위치에 따라 전혀 다른 모습이다. 마녀가 라푼첼을 감금했던 탑은 그 높이가 자그마치 38미터에 달하는데, 창문이 몇 개 있을 뿐 외부에서 전혀 안을 볼 수 없는 폐쇄형이다. 이 성과 탑으로 들어가는 방법은 두 가지이다.

처음에는 성의 서쪽에 있는 마을과 연결되는 다리뿐이었는데, 현재는 동화 속에서 라푼첼이 갇혀있던 성의 동쪽 망루에 다리가 하나 더 놓여져 있다. 하지만 출입을 통제하고 있어 성의 서쪽과 연결된 다리를 건너는 것이 성으로 들어가는 유일한 방법이다. 다리를 건너자 장미꽃과 너도밤나무가 어우러진 정원이 나타난다. 이곳을 지나 라푼첼의 탑으로 올라갔다. 탑으로 연결된 통로는 성을 만들 당시의 모습 그대로라고 한다.

어둡고 삐그덕대는 나무 계단을 따라 오르자 작은 공간이 보였다. 낡은 나무와 벽돌로 장식된 라푼첼의 탑은 밖에서 느껴지던 을씨년스러운 분위기와 달리 푸근했다. 작은 창문으로 보이는 아름답고 멋진 풍경은 중부 유럽의 참 맛을 느끼게 한다.

독일어로 '라푼첼' 은 샐러드를 해 먹는 '양상추' 를 뜻한다. 동화 속에서 라푼첼은 세상에서 가장 예쁜 소녀로 자라지만 열두 살이 되었을 때 마녀에 의해 이곳, 트렌델부르크 성의 탑에 갇힌다. 탑으로 오르는 방법은 단 하나.

"라푼첼, 라푼첼, 머리를 늘어뜨리렴."

탑을 향해 노래를 부르면 라푼첼은 길고 아름다운 금발 머리채를 내려보낸다. 그리고 마녀는 머리채를 타고 탑으로 오른다. 동화에서 어둡고 답답한 공간으로 묘사된 경비탑은 원래 적군의 침입을 방어하기 위해 세운 망루였다고 한다. 군사용으로 만들어져서인지 내부는 장식이 거의 없다.

동화에서는 왕자와 마녀가 탑으로 들어오기 위해 라푼첼의 아름답고 긴 금발 머리를 타고 오른다. 경비탑의 높이가 약 38미터나 되니 보통 아파트의 1층 높이가 2.8미터라고 할 때 아파트 13층 높이에 해당한다. 머리채에 의지해 아파트 13층을 오른다는 것 자체가 동화적 상상에 의해서만 가능한 것은 아닐까? 탑의 높이가 상상 속의 그것보다 너무 높아서 공연한 생각을 이리저리 해본다.

트렌델부르크 성은 동서쪽의 두 개 망루, 영주와 가족이 생활했던 성의 본채 그리고 작은 부속 건물로 구성되어 있다. 이 건물들 가운데 동화와 관련된 공간은 동남쪽에 위치한 경비탑이지만, 동화와 관련된 자료가 전시된 곳은 4층으로 된 성의 본채에 있다. 성의 역사가 그림과 글로 자세하게 설명되어 있고, 역대 성주들이 사용한 갑옷과 무기를 비롯하여 호화로운 생활을 누렸을 귀족들의 생활용품도 가지런히 놓여 있다.

그러나 정작 라푼첼과 왕자, 마녀의 그림 등은 넓은 전시실이 아니라 성의 계단을 따라 걸려 있다. 동화보다는 영주와 귀족들의 삶이 훨씬 더 중요했던 당시의 시대적 상황 때문일까? 성을 둘러본 후 마당으로 내려와서 나도 모르게 동화 속의 노래를 작게 불러 본다.

"라푼첼, 라푼첼, 머리를 늘어뜨리렴."

아무런 응답이 없다. 웃음이 난다. 성의 일부는 호텔로 이용되고 있

트렌델부르크 성 호텔의 지하 레스토랑. 옛날에는 감옥과 창고로 사용하던 곳이다.

동화 마을답게 한 장의 그림엽서가 연상되는 트렌델부르크 마을.

는데 객실과 레스토랑이 제법 고급스럽게 꾸며져 있다. 독일은 이처럼 문학이나 음악의 배경이 되었던 곳을 당시 분위기 그대로 재현해 많은 관광객을 모으고 있다. 트렌델부르크 성도 이런 명소 중 하나다.

여름 시즌에는 마을 주민들이 라푼첼 공연을 벌이는데 이것을 보기 위해 많은 여행객이 이곳을 찾는다. 지도에서 찾기 어려울 정도로 작은 마을인 트렌델부르크의 주민들은 독일에서 만난 어느 마을 사람들보다 순박하고 다정하게 여행객을 맞는다.

트렌델부르크에는 푸근한 인심만큼 자랑할 만한 것이 또 하나 있다. 끝이 보이지 않을 만큼 펼쳐진 구릉과 숲이다. 구릉과 구릉 사이에 자리한 트렌델부르크의 숲에는 다양한 삼림욕 코스가 있다. 숲 속을 산책하다 보면 나뭇가지 사이로 하나 둘씩 보이는 작은 오두막도 멋지고, 사람은 아랑곳없이 천방지축 뛰노는 다람쥐와 새들의 합창 소리를 듣고 있으면 자연과 내가 한몸이 된 것만 같다. 녹음 사이로 햇빛이 쏟아지면 숲은 더욱 환상적이다.

《라푼첼》의 무대인 트렌델부르크는 교통도 불편하고 볼거리가 많은 것도 아니다. 그럼에도 수많은 이들이 매년 이곳을 찾고 있다. 그것은 동화를 읽던 꿈 많은 어린 시절을 그리워하기 때문이 아닐까.

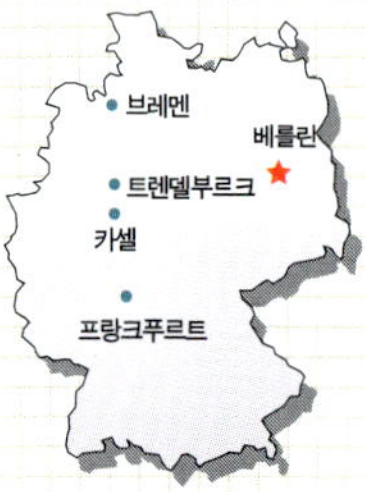

가는 방법

프랑크푸르트 중앙 역에서 카셀까지는 ICE를 이용하면 1시간 30분이 걸린다. 트렌델부르크는 카셀 중앙 역에서 버스와 기차를 이용해서 갈 수 있다. 버스를 이용할 경우 중앙역 앞에서 102번 버스를 타면 1시간 정도 걸리고, 기차를 이용할 경우 카셀 중앙 역에서 출발하는 로컬 기차인 RE를 타고 호프가이스머까지 이동한 다음 102번 버스를 타면 된다. 기차로 20분, 호프가이스머에서 트렌델부르크까지는 버스로 15분이 걸린다.

꼭 봐야 할 곳

트렌델부르크 성, 그림처럼 앙증맞은 시청, 라인하르트 숲, 신화에 등장하는 볼켄브루크 연못, 성과 시청 사이에 있는 마리엔 교회, 목가적인 분위기를 연출하고 있는 아름다운 산책로와 농가.

숙박

작은 마을이지만 많은 사람들이 찾는 관광지다. 동화의 무대가 되었던 트렌델부르크 성 호텔을 비롯하여 10여 곳에 이르는 숙박 시설이 있다. 또한 성 아래쪽에는 커다란 캠핑장이 마련되어 있어 자동차를 이용할 경우 저렴한 가격으로 전원 숙소를 이용할 수 있다. 트렌델부르크 성 호텔에는 24개의 방이 있으며, 라푼첼의 무대가 되었던 망루는 허니문 룸으로 사용되고 있다.

www.trendelburg.de

트렌델부르크 성 호텔의 로비. 중세 기사들이 사용했던 물건들로 꾸며져있다.

About Book

라푼첼 Lapunzel

그림 형제의 동화집 초판이 발표된 뒤, 이들 형제에게 많은 비판이 쏟아졌다고 한다. '아이들에게 읽어주기에 어울리지 않는다.' 는 것이 주된 이유였는데 그 중 하나가 바로 《라푼첼》이었다. 초판에는 마녀를 속이고 라푼첼은 밤마다 왕자를 만나고, 임신을 하게 된다. 이를 질투한 마녀가 라푼첼의 아름다운 머리채를 자르고 황량한 땅으로 내쫓는다. 왕자가 마침내 라푼첼이 사는 사막에 도착했을 때 라푼첼은 자기가 낳은 쌍둥이 아들, 딸과 불행하게 살고 있다는 이야기로 끝이 난다. 이런 비판을 받은 그림 형제는 판을 거듭하면서 《라푼첼》의 내용 중에서 성적인 의미를 가진 표현을 삭제하거나 수정했다고 한다.

○ 근교 명소

자바부르크 _ 트렌델부르크에서 20킬로미터 거리에 있는 곳으로 또 다른 동화 《장미 공주》의 무대이다. 자바부르크에는 동화의 무대가 되었던 장미의 성과 하르츠 숲 등 전형적인 독일의 시골 풍광을 접할 수 있다. 트렌델부르크에서 자바부르크까지는 호프가이스머를 경유하여 20분이 걸린다. 렌터카를 이용할 경우 15분이면 갈 수 있다.

카셀 _ 독일 동화의 중심지로 그림 형제 박물관과 동상 등을 비롯하여 동화에 관련된 유적지가 많다. 또한 여러 박물관과 명소가 즐비한데 그 중에서도 물의 공원으로 불리는 빌헬름스회에 공원의 아름다운 분수와 성이 볼만하고 카를스 공원과 풀다 공원 등도 멋지다. 또한 5년마다 개최되는 세계 최고 수준의 카셀 다큐멘터리전도 유명하다.

○ 동화 속 주인공

라푼첼 _ 열두 살이 되던 해, 마녀에 의해 탑 속에 갇힌 아름다운 여인. 왕자를 만나 사랑에 빠지지만 곧 마녀에 의해 쫓겨나고 만다.

마녀 _ 매일 낮이면 탑을 찾아 라푼첼이 늘어뜨린 머리채를 이용해 탑에 오른다.

왕자 _ 라푼첼을 사랑하는 젊고 잘생긴 왕자. 라푼첼이 사라진 후 탑에서 뛰어내리다 장님이 된다. 떠돌이 생활을 하던 중 라푼첼을 만나 시력을 되찾는다.

《빨간 모자》의 무대 **독일 알스펠트 Alsfeld**

그녀와 늑대, 아름다운 숲길에 사로잡히다

늑대는 아주 친절한 척 했습니다.

"너는 숲 속을 둘러보는 게 얼마나 신나고 재미있는 일인 줄 모르는 모양이구나."

"엄마가 한눈 팔면 안 된다고 했어요. 숲에서 장난을 쳐도 안 된다고 하셨어요."

"그건 숲이 너무 아름답기 때문에 하신 말씀이란다. 저기 아름답게 피어 있는 꽃을 보렴."

《빨간 모자》 중에서

빨간 모자를 쓴 예쁜 소녀가 숲 속 할머니 집을 찾아 나섰다가 늑대에게 잡아먹힌다는 이야기, 《빨간 모자》. 독일의 민화 가운데 하나인 이 이야기는 그림 형제의 동화집에 실려 우리에게도 익숙한 동화가 되었다. 빨간 모자의 강렬함 때문인지 아니면 순진한 소녀를 잡아먹는 늑대의 탐욕스러움 때문인지 어른이 된 지금도 빨간 모자의 모습이 선연하게 떠오르는 이 동화는 독일의 알

중세 모습을 그대로 보존하고 있는 알스펠트 거리와 건축물.

스펠트Alsfeld라는 작은 마을을 배경으로 한다.

동화가 살아 숨쉬는 정겨운 알스펠트를 이아와 함께 느끼고 싶어서 알스펠트를 찾았다. 알스펠트 역에 도착하자 맑던 하늘이 순식간에 낯빛을 바꾸어 금방이라도 소나기를 쏟아 부을 듯 먹구름으로 가득차기 시작했다. 날씨 핑계를 대며 호텔에 여장을 풀고 좀 쉬려는데 이아가 팔을 이끌며 빨리 구경하러 나가자고 재촉했다. 자주색, 빨간색, 초록색의 알록달록 예쁜 집들에 벌써 마음을 뺏긴 눈치였다. 우리는 시청이 위치한 마르크트 광장으로 향했다.

작은 알스펠트에서 동화 《빨간 모자》의 흔적을 찾기란 그리 어렵지 않다. 누구에게라도 빨간 모자 샘을 물으면 앞장서며 가르쳐 줄 정도다. 머나먼 동양의 아이들에게도 친숙할 정도로 유명한 빨간 모자의 조각상이 서 있는 샘은 아주 작았다. 샘의 분수대는 직경이 3미터도 채 안 돼 보이고, 분수 위의 빨간 모자 동상도 고작 1미터 남짓인 것 같다. 하지만 화려한 목조 건물이 주변에 즐비하여 빨간 모자 샘의 배경이 되어준다.

동화 《빨간 모자》가 쓰여졌을 당시의 분위기를 느껴 보기 위해 우리는 광장에서 가까운 향토박물관으로 갔다. 이 향토박물관은 건축 당시인 500년 전의 모습이 그대로 보존되어 있다. 20여 개의 전시실마다 흥미롭게 꾸며져 있는데, 그 중에서도 빨간 모자와 관련된 자료가 전시되어 있는 4층이 특히 인상적이다.

빨간 모자 설화가 시작될 당시의 마을 풍경과 빨간 모자를 쓴 인형이 실물 크기로 서 있었다. 이를 본 이아는 마치 살아있는 소녀에게 하듯 반갑게 인사를 나누며 좋아했다. 그림을 전공한 아내도 전시된 그림과 공예품이 너무 훌륭하다며 놀라워했다.

빵 바구니를 들고 있는 빨간 모자 소녀, 장총에 멋진 부츠를 뽐내는 포수, 빨간 모자 소녀를 기다리는 할머니, 포수의 총에 쓰러진 늑대 등. 얼굴의 생김새, 전통 옷과 모자에 장식된 액세서리 하나까지 섬세하게 만들어 놓았다. 더욱 놀라운 것은 이 인형들이 18세기 초반에 만들어진 것으로, 그림 형제의 동화책이 발표되기 훨씬 이전이라는 사실이다.

인형에 푹 빠져 있던 우리는 천천히 다른 전시실도 둘러보았다. 수백 년 전에 만들어진 피아노, 이 지역의 영주들이 사용했던 다양한 생활용품, 장인들이 만들어 놓은 아름답고 정교한 예술품 그리고 서민들의 생활 공간 등. 향토박물관의 모든 전시품은 마을 사람들에게 하나같이 소중한 보물이었다. 물론 우리에게는 동화와 관련된 것들이 가장 흥미를 끌었지만 말이다.

다음날 아침. 밤새 비가 내려서일까, 햇살이 더욱 눈부시게 느껴졌다. 상쾌한 기분으로 알스펠트를 자세히 둘러보기로 했다. 아름다운 건물 사이로 나 있는 돌길 위를 비에 떨어진 분홍과 노란 꽃잎들이 수놓고 있었다. 그 길을 걷노라니 어느 집에선가 빨간 모자 소녀가 문을 열고 나올 것 같은 착각에 빠져들었다.

오랜 역사를 자랑하는 알스펠트는 전통 가옥이 잘 보존되어 있어 유럽 연합에서 건축물 보존 지역으로 지정해 놓기도 했다. 옛 모습을 고스란히 간직하고 있는 구시가의 중심지에는 두 개의 뾰족탑이 세워

진 시청이 있는데, 관공서라기보다는 동화에 나오는 작은 성 같은 분위기를 풍겼다.

마르크트 광장은 구시가의 모든 길과 통하는데, 그 중에서도 향토박물관으로 연결된 길이 가장 인상적이었다. 건축한 지 수백 년이 지난 목조 건물들이 늘어선 길은 예전 모습 그대로 잘 보존되어 있었고, 게다가 대부분이 평범한 가정집으로 사람이 살고 있다는 사실이 놀라웠다. 기둥이나 대문, 혹은 벽에 저마다 독특한 조각이나 문양을 새겨 화려하게 장식한 것도 특이해 보였다.

알스펠트의 중심 마르크트 광장에서는 매년 강림절 2주일 후 주말이면 온 마을 사람들이 참가하는 민속 축제가 열린다. 전통 음악에 맞춰 남녀노소가 하나 되는 알스펠트의 민속 축제는 '빨간 모자 축제' 라고도 불리는데 축제 며칠 전부터 가게문을 닫고 준비할 만큼 이들에게는 중요한 행사다.

마을의 공식 가이드인 빌리 앤더스 씨에게서 알스펠트의 역사와 중요한 장소, 전통 그리고 빨간 모자 축제의 의미를 들을 수 있었다. 빨간 모자 축제는 먹고 즐기는 단순한 축제가 아니라 다음 세대를 이끌어 갈 후손들에게 전통 문화를 보여주고 이해를 돕기 위한 행사라고 한다.

또 매년 9월 말이면 빨간 모자 선발대회를 열고 당시 시장 모습을 그대로 재현하는 축제를 벌이는데, 빨간 모자로 선정된 소녀는 알스펠트 시장과 함께 한 해 동안 알스펠트를 대표해 각종 행사에 참가한다고 한다.

동화 속 빨간 모자 소녀는 알스펠트에서 할머니가 살고 있는 숲 속 오두막으로 심부름을 간다. 할머니의 집으로 가는 길에 빨간 모자 소녀가 예쁜 꽃들과 경치에 빠져 늑장을 부리다 늑대를 만나게 되는 곳은 바로 '숲 속' 이다.

동화의 근원으로 '숲' 은 떼려야 뗄 수 없는 곳이다. 시청 광장에서 돌이 촘촘하게 박힌 골목을 빠져나와 동쪽으로 500미터쯤 가면 동화 속에 등장하는 숲을 만날 수 있다. 오솔길에서 숲으로 이어지는 길은 들꽃이 피어있고 작은 개울이 흐르고 있다. 여기저기를 둘러보고 싶은 충동이 절로 생긴다.

숲으로 들어서자 이아는 콧노래를 부르며 이곳 저곳을 바쁘게 돌아다닌다. 우리 부부는 이아가 즐거워하는 것을 바라보다가 아이가 시야에서 사라지자 걱정이 일었다. 빨간 모자 소녀의 어머니처럼 '숲에서는 딴전 부리지 말고 길만 따라 얌전히 걸어가야 한단다. 혹시 늑대를 만날지도 모르니까.' 라고 주의를 주어야 하는 것은 아닐까 하고.

알스펠트를 떠나면서 알스펠트 사람들의 삶 속에 《빨간 모자》가 살아 있는 한, 자라나는 아이들의 마음 속에도 동화와 전통이 오래오래 이어질 것을 확신하게 되었다. 또 이아가 이 여행을 통해 동화와 더욱 친숙하게 됐다는 것도 하나의 소득이다. '명작을 읽어라.' 는 강요보다는 아이에게 동화와 친해지는 기회를 마련해 줄 수 있다는 것이 '동화 여행' 의 또 다른 의미가 아닐까 생각해 본다.

가는 방법

알스펠트는 1만 8천 명이 사는 작은 도시. 프랑크푸르트에서 가려면 렌터카를 이용하는 것이 편리하며, 기차를 이용하여 프랑크푸르트에서 풀다를 경유하거나 마르부르크 방향에서 들어갈 수 있다. 풀다를 경유하는 것이 훨씬 빠르고 편리하다. 프랑크푸르트에서 풀다까지 50분, 풀다에서 알스펠트를 연결하는 지방선인 RE를 이용하면 40분이 걸려 1시간 30분이면 도착한다.

꼭 봐야 할 곳

빨간 모자의 샘, 향토박물관, 할머니 집으로 향하는 숲길, 목조건축물이 늘어선 골목, 시청, 마르크트 광장, 슈툼프 하우스, 노천 시장, 성 삼위일체 교회.

숙박

알스펠트는 작은 도시지만 제법 규모를 갖춘 호텔 하나를 비롯하여 아담한 호텔과 음식점에서 운영하는 가스트 호프라는 민박집 그리고 저렴한 가격으로 주민들의 삶을 엿볼 수 있는 짐마프라이라는 전형적인 민박집 등 다양한 숙박 시설이 있다. 가격은 대도시에 비해 저렴한 편이고, 향토박물관에 있는 관광안내소에서 숙박에 관한 정보를 제공하며 예약도 가능하다.

www.alsfeld.de

근교 명소

풀다 _ 알스펠트로 들어가는 관문격인 도시로 중세의 모습을 고스란히 간직한 건축물과 옛날 주교가 사용했던 궁전인 슈타트슐로스, 보니파치우스 성당 그리고 다양한 그림으로 가득한 교회 등이 매력적이다.

마르부르크 _ 독일을 대표하는 대학 도시 가운데 한 곳으로 도시 전체가 그림처럼 아름답다. 그림 형제가 공부했던 곳으로도 잘 알려진 마르부르크의 최대 볼거리는 대학과 도시에서 가장 높은 곳에 있는 성이다. 마르부르크 대학은 신교도가 세운 최초의 대학으로 수많은 석학과 문학가를 배출했으며, 마르부르크 성은 마틴 루터와 그의 추종자이자 후원자인 멜란히톤, 츠빙글리 등이 교회개혁을 주제로 토론을 펼쳤던 곳으로도 유명하다.

About Book

빨간 모자 *Little Red Riding Hood*

대부분의 옛 이야기가 그렇듯이 《빨간 모자》도 이본이 많다. 그중 가장 유명한 것이 그림 형제의 이야기이다. 그림 형제의 옛이야기 책은 《작은 빨간 모자》를 포함해서 80여 편의 동화를 모아 《어린이와 가정의 동화》 제1권을 1812년에 처음 발간했다. 그림 형제는 이 이야기를 두 개의 판본으로 만들었는데, 그 중 하나는 우리가 잘 알고 있는대로 빨간 모자와 할머니가 늑대에게 잡아먹힌 후 사냥꾼에 의해 구출되고 늑대는 벌을 받는다는 이야기다. 또 다른 이야기는 빨간 모자가 다시 할머니에게 케이크를 가지고 가고, 또 다른 늑대가 길에서 벗어나도록 유혹한다. 빨간 모자는 할머니에게 달려가서 모든 것을 이야기하고 문을 막아 늑대가 들어오지 못하게 한다. 늑대는 지붕에서 미끄러져 물이 가득 찬 물통에 빠진다는 내용이다.

○ 여행하기 좋은 시기

강림절 축제가 열리는 강림절(대략 5월이나 6월경) 2주 후나 중세 상인들의 상거래를 볼 수 있는 역사 시장이 열리는 9월 중순이 좋다. 그리고 숲에서 한적하게 쉬기를 원한다면 봄도 좋고 크리스마스 시즌인 12월도 좋다.

○ 동화 속 주인공

빨간 모자 _ 할머니에게 선물 받은 빨간 모자만 써서 '빨간 모자' 라고 불리는 아이. 할머니에게 곧장 가라는 엄마의 말을 듣지 않고 숲 속에서 늑장을 부리다가 늑대에게 할머니 집으로 심부름 간다는 정보를 준다. 결국 할머니로 분장한 늑대에게 잡아먹히고 만다.

늑대 _ 할머니와 빨간 모자를 잡아먹은 뒤 낮잠을 자다가 사냥꾼에게 잡힌다. 구출된 할머니와 빨간 모자는 늑대의 배에 가득 채워 넣어 고통을 당한다.

사냥꾼 _ 자고 있는 늑대의 배를 갈라 빨간 모자와 할머니를 구해준다.

Grimm Brother

동화를 사랑하는 형제가 걷던 길, 메르헨 가도

유럽에서 동화의 무대로 알려진 도시와 마을은 생각보다 참 많다. 스위스의 하이디 마을, 스웨덴의 삐삐 마을, 이탈리아의 피노키오 마을, 핀란드의 산타 마을 등 이 책에서 소개한 곳 외에도 우리나라에 잘 알려지지 않은 동화까지 헤아린다면 책 한 권으로는 부족할 정도다.

유럽의 많은 나라는 동화의 배경이 된 마을을 아끼고 사랑하며 자랑스럽게 가꾸고 있다. 지금 이 순간에도 세계 곳곳에서는 새로운 곳을 배경으로 동화가 태어나고 있고, 아이들에게 즐거운 꿈과 행복한 상상을 선물하고 있다.

하지만 전 세계의 수많은 동화마을 중에서도 그 흔적을 잘 보존하고 있는 나라를 꼽는다면 두말할 것 없이 '독일'이다. 독일 동화를 세계에 알린 대작가 그림 형제의 자취와 곳곳에 동화를 간직한 마을을 따라 가는 길은 그래서 '동화의 길'이란 의미의 메르헨 가도 Märchen

Straße라 이름 붙여졌다.

동화를 사랑하는 이라면 누구나 꿈꾸는 여행길인 메르헨 가도는 독일의 관문 프랑크푸르트 Frankfurt에서 20킬로미터 떨어진 아담한 도시 하나우 Hanau를 시작으로 북해에 인접한 고도 브레멘 Bremen까지 장장 600킬로미터에 이른다. 오늘날 독일이 유럽은 물론이고 세계에서도 가장 상징적인 동화의 길을 갖게 된 것은 그림 형제, 야콥 Jacob Grimm(1785~1863)과 빌헬름 Wilhelm Grimm(1786~1859) 형제가 있었기에 가능했다.

누구나 어린 시절 한번쯤은 '그림 동화'에 속았던 경험이 있을 것이다. 책 표지에는 분명 그림 동화라고 쓰여 있는데, 책 속에는 그림이 없어서 황당했던 기억 말이다. 그 때는 '그림'이 그야말로 그림(畵)인 줄 알았던 것이다. 독일의 동화 작가인 빌헬름과 야콥의 성이 그림 Grimm이었다는 것은 한참 뒤에 안 사실이다. 지금도 그림 동화를 보면 어린 시절의 기억이 떠올라 혼자 웃곤 한다. 아직도 그림 동화에 대해 감쪽같은 오해를 하고 있는 아이들은 없을까 하는 생각도 하면서.

그림 형제가 태어난 곳, 하나우

이제 그림 형제가 태어나고 자란 곳, 학문의 열정을 불태웠던 곳 그리고 이름 없는 민중들이 향유하던 민화 채록을 위해 수많은 시골 마을을 찾곤 했던 그들의 자취를 찾아 떠나는 메르헨 가도의 출발점에 서 있다. 그림 형제가 태어난 곳, 헤센주 Hessen 하나우에서 이 여정은 시작된다.

메르헨 가도의 시발점인 하나우는 프랑크푸르트에서 기차나 전차로 15분이면 닿는 아담한 도시다. 지금은 프랑크푸르트의 베드타운이 된 이곳이 메르헨 가도의 출발지가 된 것은 그림 형제의 고향이기 때문이다. 이 도시를 찾는 이라면 누구나 마르크트 광장에 우뚝 서 있는 그림 형제 동상을 만나게 된다.

그림 형제의 업적을 기리기 위해 1896년에 세워진 이 동상은 황제나 장군 동상처럼 크지는 않지만 담긴 뜻만은 어떤 동상보다 위대하다. 독일 국민의 성금으로 건립된 것이니 말이다. 책을 읽고 있는 동생 빌헬름과 이를 내려다보고 있는 형 야콥의 모습은 동화만큼이나 정답다. 동상 아래에는 언어학자이자 동화 작가인 그림 형제에 대한 설명과 함께 이곳이 메르헨 가도의 출발점이라고 쓰여 있다.

그림 형제는 마르크트 광장에서 불과 200여 미터 떨어진 프라이하이트 광장부근에서 태어났다. 야콥은 1785년 5남 1녀의 장남으로, 빌헬름은 다음 해에 태어났다. 화가로 알려진 셋째 루트비히까지 이곳 하나우에서 태어났는데 제2차 세계대전 당시 연합군의 폭격으로 생가는 완전히 파괴되었고 현재는 그 터만 남아 있다. 지금은 그림 형제가 태어난 곳임을 알려주는 글귀가 커다란 돌에 새겨져 있을 뿐이다.

유년 시절의 추억이 담긴 곳, 슈타이나우

그림 형제가 태어난 곳, 하나우를 둘러보았다면 이제 그들이 꿈 많은 어린 시절을 보냈던 곳으로 발길을 옮겨 보자. 하나우에서 로컬 기차를 타고 30분쯤 이동하면 슈타이나우 Steinau에 도착한다. 아담한 시

슈타이나우의 유년 시절 그림 형제가 살던 집.
현재 향토박물관으로 사용되고 있다.

골 마을 슈타이나우는 아버지 필립 빌헬름 그림의 고향. 형제는 영주 사무실의 사법관직을 맡게 된 아버지를 따라 이곳으로 이사를 온 것이다. 시청 광장 부근의 유년 시절을 보냈던 집은 현재 암츠 하우스 Amtshaus라고 불리는 향토박물관으로 사용되고 있었다. 그림 형제가 살던 당시에는 영주의 저택이 바로 옆에 있었다고 한다.

슈타이나우는 인구 1만여 명의 평범한 마을이지만 그림 형제와 관련된 명소가 많다. 형제가 뛰어 놀던 들판, 시냇가, 그들의 이름이 붙여진 거리와 학교, 인형극을 공연하는 극장, 그림 동화에 등장하는 주인공의 조각이 새겨진 동상과 분수 그리고 동화박물관에 이르기까지 많은 볼거리가 마을의 곳곳에 흩어져 있다.

암츠 하우스에서 '그림 형제의 길' 이라고 불리는 거리를 건너면 시청 광장이 나오는데 바로 시청 앞에 마리오네트 극장과 조각상이 새겨진 분수가 있다. 매주 토요일과 일요일 단 두 차례만 인형극을 하는 이 극장은 원래 슈타이나우 성의 마구간으로 사용하던 곳을 개조하여 1924년부터 오늘날까지 그림 형제의 동화를 주제로 인형극을 공연하고 있다. 마리오네트 극장에서 공연을 펼치는 단원들의 실력은 세계 최고 수준. 일 년 중 절반에 가까운 기간은 여러 나라를 순회하며 공연을 하는데 놀랍게도 1년 전에 예약해야 공연 유치가 가능할 정도로 그 인기가 높다.

극장 앞 광장에는 아담한 분수가 하나 있다. 언뜻 망루처럼 보이는 기둥이 가운데 있고, 소녀와 개구리가 보인다. 망루에 새겨진 부조상을 자세히 살펴보면 모두 우리에게 익숙한 동화 속 인물들이다.

라푼첼, 피리 부는 사나이, 빨간 모자 그리고 장미 공주 등 마을 전체가 그림 형제의 마을로 꾸며진 슈타이나우에서도 꼭 가봐야 할 곳은 바로 동화박물관으로 사용되는 성이다.

각국에서 출간된 동화책과 캐릭터, 포스터 그리고 동화에 등장하는 주인공 모형에 이르기까지 다양한 자료를 전시해 놓은 이곳은 카셀에 있는 그림 형제 박물관과 함께 세계적으로 가장 큰 규모를 자랑한다. 성 건너편에는 그림 형제가 유년 시절에 다니던 학교가 있다. 이 학교는 교명을 '그림 형제 학교' 로 바꿀 정도로 그림 형제에 대한 각별한 자부심을 표현하고 있다.

동화에 대한 열정이 가득한 독일 동화의 메카, 카셀

이제 슈타이나우에서 기차를 타고 1시간 남짓 이동하면 카셀 Kassel 에 도착한다. 행복한 어린 시절을 보내던 형제는 1796년 아버지가 마흔 네 살이라는 젊은 나이로 돌아가시자 경제적인 어려움에 직면한다. 그러나 이모의 도움으로 1798년 김나지움에 입학하면서 카셀로 이사를 한다. 이들은 마르부르크의 대학시절과 괴팅겐 대학 재직 기간을 제외하면 청 · 장년기 대부분을 카셀에서 살았다. 30년 동안 그곳에 살면서 동화를 수집했기 때문에 카셀은 메르헨 가도의 중심이자 '독일 동화의 메카' 로 불린다.

카셀에는 두 개의 기차역이 있는데 대부분의 고속 기차들은 빌헬름스회에 역에 정차하기 때문에 그림 형제의 흔적을 둘러보기 위해서는 기차로 3분 거리인 도심의 중앙 역으로 이동해야 한다.

카셀에 있는 그림 형제 박물관의 전경. 그림 형제와 관련있는 박물관 중 최대 규모를 자랑한다.

먼저 그림 형제의 자취를 찾아보는 여행의 백미라고 할 만한 '그림 형제 박물관'에 가 보자. 프리테리치아눔 지역에 있는 박물관에는 동화의 오리지널 원고와 그들이 즐겨 사용했던 애장품, 70개 언어로 번역된 간행물이 있다.

또한 언어학자이자 문헌학자이기도 한 그림 형제의 독일 문화와 언어에 관한 저작물과 대학에서 학생들을 가르치며 쓰던 친필 강의록도 남아 있다. 그래서 동화를 사랑하는 이들뿐 아니라 연구를 위해서 많은 이들이 찾는 곳이다.

가장 주목할 만한 것은 역시 그림 형제가 직접 수록해 놓은 동화 원고와 독일 최고의 보물로 꼽히는 독일어 사전의 오리지널 원고들이

카셀의 그림형제 박물관

하나우에 있는 그림형제 생가터.

다. 그림 형제가 직접 수록해 놓은 여러 원고는 1812년에 출간한 《어린이와 가정의 동화 Kinder-und Haüsmarchen》에 수록된 것이다. 박물관에 전시된 자료는 너무나 방대하여 한 번 둘러보는 데만 최소 몇 시간이 걸릴 정도이다. 다행히 박물관에 아담한 정원이 딸려 있어 지친 다리를 쉬어 가며 전시물을 찬찬히 볼 수 있다.

박물관 건너편에는 꽃이 피어 있는 작은 공원이 있고, 한쪽에 형제의 동상이 서 있다. 이 공원을 지나 도심으로 가다 보면 관광안내소가 나오는데, 동화에 관련된 다양한 정보를 얻을 수 있다. 이곳에서 조금만 가면 그림 형제 광장이 있고 그 옆에 그들이 살던 집이 있다. 동화집을 첫 출간한 도시이니만큼 그들의 이름을 딴 전철역 등 의미있는 곳이 많다.

카셀은 동화의 도시이자 아름다운 문화 도시이다. 슈베르트의 가곡 '겨울 나그네' 중 '성문 앞 우물가 보리수' 가 있는 곳이며, 5년마다 개최되는 현대 미술 전시회로도 유명하다. '카셀 도큐멘타' 로 불리는 이 전시회는 현대 미술의 메카로 불리며 세계 미술의 흐름을 보여 준다. 유명한 현대 미술 작가 200여 명이 1000여 점을 출품하고 100일 동안 개최되는 이 전시회에 100만 명 이상의 관람객이 찾는다고 한다.

연년생으로 태어난 그림 형제는 베를린에 묻히기까지 평생을 함께 했다. 대학에서 법률을 함께 전공했고, 1830년 괴팅겐 대학교의 초청을 받아 교수로 활동했다. 대학에서 언어학을 가르치고 《독일어 사전》을 편찬하는 등 많은 연구 저작물을 남겼다.

그러나 외모는 아주 달랐는데 형 야콥은 작고 말랐으며 날카로운 눈빛을 가진 섬세한 얼굴인 반면, 동생 빌헬름은 키도 크고 둥근 얼굴에 큰 눈을 가졌다. 성격도 달라 형은 내성적이고 까다로웠지만 동생은 외향적이고 사교적이며 감성적이었다. 이렇게 서로 다른 성격은 민화를 수집하고 동화로 복원하는데 보완적인 역할을 했다.

그들의 전문 분야인 언어학의 영역에서는 형 야콥이 보다 큰 업적을 남겨 《독일어 문법》(1819~1837), 《독일어사》(1848)를 펴냈고, 동생은 《독일 영웅전설》 등의 저작을 남겼다. 형제의 명성을 세계적으로 높인 《그림 동화》는 동생 빌헬름이 더 큰 역할을 했는데 옛이야기를 예술적으로 표현하고 다듬는 역할을 맡았다고 한다.

그들이 전설과 민화를 수집하기 시작한 것은 1805년경부터. 카셀과 그 근방의 수많은 이들에게 전설과 민화를 수집하였는데, 특히 농민들에게 이야기를 들려달라고 부탁하곤 했다. 그들에게 이야기를 들려준 이들은 수없이 많지만, 그 중에서도 '니더츠 베렌의 동화 아줌마' 라 불리는 도로테아 피만이 유명하다.

1812년 첫 출판된 《어린이와 가정의 동화》는 어떤 것을 덧붙이거나 미화하지않고 잔인하고 끔찍한 내용을 그대로 기록해 아이들이 읽기에 적절하지 않다는 비판을 받기도 했다. 그래서 제2판부터 빌헬름에 의해 의식적으로 어린이책 Kinderbüch으로 만들어졌다.

또한 그들은 동화의 언어나 문체에만 손을 댄 것이 아니라 여러 이본을 합성하여 하나의 동화를 만들어내기도 했다. 그림 동화의 최종판(1857)에는 구연자의 언어나 문체보다는 그림 형제, 특히 동생 빌헬름의 언어와 문체가 들어있다고 해도 지나치지 않을 정도다.

《거위치기 소녀》에 나오는 리첼 공주의 동상으로, 괴팅겐의 상징이다.

원래는 어른들이 어른들을 위해 이야기했던 '동화'가 어린이들을 위한 훌륭한 독서감이 된 데에는 그림 형제의 동화집이 중요한 기여를 했다. 당시 독일의 어머니들이 그림 형제의 동화집을 어린이들을 위한 '값진 낭독감 wertvolles Vorlesebüch'이라고 평한 것을 보아도 잘 알 수 있다.

그림 형제의 동화집은 독일어를 사용하는 언어권뿐만 아니라 세계적으로 사랑을 받아왔다. 우리나라에서도 새로운 번역본이 계속 출간되고 있는데, 그들의 생존 시에도 모두 7판에(1812, 1815, 1819, 1837, 1840, 1843, 1850, 1857) 걸쳐 발간되었고 세계 여러 나라의 언어로 번역되었다. 사후에도 계속 번역되어 '그림 동화'는 성경 다음으로 가장 많이 인쇄되고 번역된 독일어 책이라고 한다.

언어학자로서 학문적 나래를 펼친 곳, 괴팅겐

카셀에서 고속 기차인 ICE를 타고 북쪽으로 20분만 달리면 유서 깊은 대학도시 괴팅겐 Göttingen에 도착한다. 하이델베르크, 마르부르크, 튀빙겐과 함께 독일 4대 대학도시로 알려진 괴팅겐은 그림 형제가 교수로 재직하면서 언어학을 강의하던 곳. 또한 괴팅겐의 상징으로 불리는 '거위 소녀 리첼' 동상은 그들의 동화집 《거위치기 소녀》에 등장하는 공주이다.

40여 명의 노벨상 수상자를 배출한 독일의 명문 대학인 괴팅겐 대학에서 1830년부터 이들은 7년 동안 도서관장과 교수로 재직했다. 고대 언어학에 뛰어난 재능을 발휘한 야콥 그림이 먼저 시작한 《독일어

괴팅겐 시내. 수학자이자 물리학자인 가우스 동상 주위로 벤치가 있다.

마르부르크 시내 전경. 독일의 대표적인 대학 도시로, 이곳의 마르부르크 대학에서 그림 형제는 법학을 공부했다.

사전》은 1837년 완성하여 후대 언어학에 많은 기여를 하였다. 또한 《독일 신화》를 펴내 민속학에도 큰 영향을 미쳤다. 형제는 독일어 사전을 A부터 F까지 완성했고, 후학에 의해 1954년에 비로소 완성되었다. 박물관에는 그림 형제의 동화책과 사전 등이 전시되어 있다.

우리에게 잘 알려진 수학자 카를 프리드리히 가우스 Gauss(1777~1855)는 48년 간이나 괴팅겐 대학의 교수로 있으면서 이 대학을 수학과 물리학의 세계 중심지로 만들었다. 시내에는 자그마한 키에 동글동글한 눈매를 가진 가우스의 동상이 있다.

또한 괴팅겐에서 가장 번화한 구시청 광장에는 부끄러운 듯 약간 고개를 숙이고 한 손에는 거위를, 다른 한 손에는 꽃바구니를 들고 있는 리첼의 동상이 있다. 괴팅겐 대학에서 박사 학위를 받으면 소녀의 꽃바구니에 꽃을 꽂고 뺨이나 입술에 키스를 하는 전통이 있다.

지금은 그 전통이 많이 사라졌지만 그래도 괴팅겐 사람들은 이 동상을 '세계에서 가장 키스를 많이 받는 소녀' 라고 부른다. 그림 형제가 괴팅겐 대학에서 활동한 것을 기념하여 1891년 마르크트 광장에 세운 것이다.

괴팅겐에서 카셀을 지나 50분쯤 이동하면 또 다른 대학도시 마르부르크 Marburg를 만날 수 있다. 독일을 대표하는 대학 가운데 한 곳인 마르부르크 대학에서 그림 형제는 법학을 공부했다. 형제가 동화에 관심을 갖게 된 것은 당시 역사 법학의 최고 권위자로 알려진 사비니 Savgny(1779~1861) 교수를 만나면서부터라고 한다. 그를 통해 작가 브렌타노 Brentano(1778~1842)와 아르님 Arnim(1781~1831)을 알게 되었기 때문.

마르부르크에는 그림 형제의 하숙집과 사비니 교수의 집 등을 찾아볼 수 있다.

하나우, 슈타이나우, 카셀, 괴팅겐, 마르부르크 그리고 그림 형제의 무덤이 있는 베를린에 이르기까지 독일의 크고 작은 도시와 마을에는 그들의 흔적과 향기를 느낄 수 있는 곳이 많아 오늘도 동화를 사랑하는 지구촌 사람들을 불러모으고 있다.

가는 방법

하나우 _ 프랑크푸르트 중앙 역에서 ICE와 IC, 지하철 S반을 이용하여 15~20분이면 갈 수 있다.

슈타이나우 _ 프랑크푸르트 중앙 역에서 로컬 기차로 50분, 하나우에서는 약 30분 걸린다.

카셀 _ 프랑크푸르트 중앙 역에서 ICE로 1시간 24분 걸린다.

괴팅겐 _ 프랑크푸르트 중앙 역에서 1시간 40분이 걸린다.

마르부르크 _ 프랑크푸르트와 카셀에서 로컬 기차인 RE로 1시간이 걸린다.

꼭 봐야 할 곳

그림 형제 동상, 생가, 유년 시절의 집, 마리오네트 극장, 동화 박물관, 그림 형제 박물관, 마르부르크 대학, 괴팅겐 대학.

숙박

어느 곳이나 여러 개의 호텔과 민박집이 있지만 슈타이나우는 작은 마을이기 때문에 숙박 시설이 몇 곳밖에 없다. 프랑크푸르트와 하나우에 숙소를 정해 놓고 둘러보는 것이 좋다. 아래 사이트를 참고하자.

하나우 www.hanau.de
슈타이나우 www.steinau.de
마르부르크 www.marburg.de
카셀 www.kassel.de
괴팅겐 www.gottingen.de

Chapter 2

Vinegar Jones
Eat in Take-Away
Vinegar Jones
Eat in Take-Away
Lewis Carroll
Alice's Shop
The Old Sheep Shop

영국

런던 London

하트필드 Hartfield

옥스퍼드 Oxford

윈더미어 Windermere

스코틀랜드 Scotland

호그와트로 가는
신나는 마법 여행

"걱정 마라. 그저 9번과 10번 승강장 사이에 있는 개찰구로 곧장 걸어가기만 하면 된단다.
부딪칠까 봐 멈추거나 겁먹지 않는 것, 그게 아주 중요하지."
해리는 힘껏 달리기 시작했다. 벽과의 충돌은 없었다.
눈을 뜨니 사람들이 꽉 찬 승강장 옆에 '호그와트 급행기차, 11시' 라고 쓰인
증기기관차 한 대가 기다리고 있었다. 《해리 포터와 마법사의 돌》 중에서

위즐리, 헤르미온느, 말포이, 두들리, 해그리드, 덤블도어, 퀴디치, 슬리데린, 그린고트, 그리핀도르, 다이애건 앨리, 머글, 호그와트 그리고 해리 포터. 낯선 단어로 가득한 이야기, 그러나 이만큼 상상력을 자극하는 것들로 차고 넘치는 이야기도 드물 것이다. 이 모든 단어 하나하나에 흥분하는 전 세계 사람들이 해가 갈수록 늘어나고 있으니 말이다.

지구촌의 동심을 강타한 '해리 포터' 열풍. 가난한 이혼녀였던 저자 조앤.K.롤링 J.K.Rowling을 '엘리자베스 2세 부럽지 않은 여인'으로 만든《해리 포터》는 호그와트 마법 학교를 무대로 펼쳐지는 흥미진진한 '마법 동화'다.《해리 포터》시리즈가 여행자에게 더욱 흥미로운 건 이야기 속의 이름과 배경을 실제로 만나볼 수 있다는 점이다. 해리 포터는 소설의 성공에 힘입어 차례로 영화화되었는데 마법 학교로 출발하는 런던, 호그와트의 메인 홀과 도서관, 응급실을 촬영했던 옥스퍼드, 호그와트 마법 학교 수업 장소였던 글로스터 대성당, 변신술 수업이 진행됐던 더럼 대성당, 퀴디치 게임을 벌였던 앨른윅 성 등 이들 배경은 실제로 수백 년 영국의 역사를 고스란히 지닌 곳들이다.

우선《해리 포터》이야기가 시작되는 곳으로 가 보자. 바로 해리가 호그와트로 가는 기차를 타기 위해 9와 3/4 승강장을 찾던 킹스크로스 Kings Cross 역이다. 영국의 동북 지방과 스코틀랜드 동부 지역으로 가는 기차가 출발하는 킹스크로스 역. 2차 세계대전이 한창이던 때에도 오전 10시면 어김없이 출발했던 에든버러 행 특급기차 '플라잉 스코트맨'으로도 유명하다. 킹스크로스 역 4, 5번 승강장에 들어서자 에든버러로 떠날 준비를 마친 기차가 눈에 띈다.

진한 청색 바탕에 오렌지 색 선이 그려진 기차. 영화에서 해리와 그의 친구들을 호그와트로 데려다 준 그 기차가 눈 앞으로 서서히 들어오고 있다. 반가운 마음에 기차 앞으로 달려가 보니 웬걸, 기차 내부가 영화와는 딴판이다. 해리와 론 그리고 헤르미온느가 후추, 양배추, 딸기 맛이 나는 요술 젤리를 먹으며 호그와트에 대한 이야기를 나누던

컴파트먼트 타입의 객차가 아니라 우리나라 기차처럼 일반 객실로 이루어져 있다. 알고 보니 영국에서도 컴파트먼트 타입의 객차는 사라진 지 오래됐다고 한다.

아쉬운 마음에 주위를 둘러보니 반가운 안내판이 눈에 띈다. 바로 9와 3/4 승강장, 호그와트 급행 기차를 타기 위해 두 눈 꼭 감고 달려가던 해리가 '머글'들 사이를 뚫고 도착했던 바로 그곳이다. 벽에는 이곳이 영화의 무대였음을 알려주는 푯말이 붙어 있다. 기쁨에 들떠 있는 나와는 달리 영국 사람들은 분주히 그 앞을 스쳐 지나간다.

그곳에 9와 3/4 승강장이 있든 없든 신경 쓰지 않는 그들의 모습이 꼭 책 속에 묘사된 '머글'들 같아 괜한 웃음이 났다. 킹스크로스 역을

빗살 무늬를 연상시키는 독특한 문양이 새겨진 더럼 대성당의 기둥.

해리와 친구들이 함께 비행 훈련을 받았던 앨른윅 성의 전경. 잔디밭이 넓게 펼쳐져 있다.

떠나 마법 학교 배경 중의 하나인 더럼 대성당으로 향하는 길. 해리가 기차를 타고 내다보던 타워브리지와 런던의 풍경이 영화 속 그대로 다가온다. 천 년의 역사를 자랑하는 종교의 도시 더럼 Durham. 그리고 그 시가지가 한눈에 내려다보이는 언덕 위의 대성당에는 맥고나걸 교수가 변신술 수업을 하던 복도와 해리가 그의 부엉이 헤드위그를 날려 보낸 정원이 있다.

영화에서보다 훨씬 아름다운 더럼 대성당은 노르만 로마네스크 양식을 대표하는 건축물로 유네스코 세계 문화유산으로 등록되어 있다. 무기와 군사를 전망대에 배치해 요새의 역할을 할 수 있도록 설계된 중세 느낌의 외양과 달리 넓고 밝게 꾸며진 내부 그리고 보기 드문 독특한 건축 양식과 실내 장식까지 다양한 볼거리가 가득하다. 특히 기둥과 천장, 복도에는 영국뿐만 아니라 여러 나라의 독특한 양식이 결부돼 있어 묘한 매력이 느껴진다. 아랍 분위기가 나는 예배당, 선사시대 빗살무늬를 연상시키는 본당 기둥의 마름모꼴 모양 패턴, 무어인들의 영향을 받은 갈매기 무늬 장식, 영화 속에 등장했던 고딕 양식의 복도 천장. 게다가 대성당의 서쪽 끝에 있는 갈릴리 예배당은 스페인 남부 코르도바의 모스크같은 느낌을 준다.

대성당을 나와 에든버러로 가는 길에 앨른머스 Alnmouth라는 작은 역에 내렸다. 역에서 4킬로미터 정도 떨어진 곳에 있는 앨른윅 Alnwick 성으로 가기 위해서다. '북쪽의 윈저'라고 불릴 정도로 아름다운 앨른윅 성. 커다란 두 개의 게이트를 지나 성 안으로 들어서자 낯익은 포스터가 눈에 들어온다. 비행 수업을 받고 있는 영화의 한 장면이다. 이

호그와트 마법 학교 기숙사로 들어가는 장면을 촬영했던 글로스터 대성당의 복도.

성은 영화 속에서 비행 수업이 진행됐던 넓은 잔디밭, 바로 빗자루를 탄 해리가 멋지게 퀴디치 게임을 벌였던 곳이다.

앨른윅 성은 왕립 노섬벌랜드 수발총 연대박물관 등 크고 작은 10여 개의 건물로 이루어져 있다. 일부를 제외하고는 대부분 개방되어 누구나 성을 관람할 수 있다. 하지만 외관을 제외하고는 사진 촬영이 금지되어 있다. 앨른윅 성에는 현재도 공작 가족이 살고 있는데, 중심 건물은 역대 성주와 가족들의 초상화를 비롯해 명화와 고급 도자기 등으로 꾸며져 있다. 또한 성의 동쪽에 있는 수만 평의 정원에 장미가 피기 시작하는 봄과 초여름이면 인근 지역의 교통이 마비될 정도로 각지에서 방문객이 몰려든다.

앨른윅 성과 정원을 둘러싸고 있는 목가적인 전원 풍경을 감상하며 글로스터 Gloucester로 떠날 준비를 서둘렀다. 런던 서쪽에 있는 아담한 중소 도시 글로스터. 그중 영화가 촬영됐던 곳은 견고한 건축물로 유명한 글로스터 대성당이다. 특히 외부가 훤히 보이는 회랑으로 되어 있는 다른 성당과 달리 대부분이 스테인드글라스와 멋진 조각이 장식된 기둥으로 이루어져 있다. 그래서 성당 안에 들어서면 어느 곳이 복도인지, 어느 곳이 본당인지 구분이 안 될 정도다.

성당 안으로 들어서자 스테인드글라스의 환상적인 빛이 관람객을 압도한다. 입을 다물지 못할 만큼 아름다운 광경 앞에서 멍하니 한참을 서 있다가 영화 속 무대가 됐던 대성당의 복도로 자리를 옮겼다.

퍼시가 1학년들을 인도해 기숙사로 들어가는 장면을 촬영했던 복도는 멋진 조각 등으로 장식되어 있어 고풍스러운 분위기를 물씬 풍

Take your first flying lesson!

기고 있었다. 스테인드글라스를 통과한 빛이 만들어내는 아름다운 대성당의 모습을 카메라에 담은 뒤 영국 최고의 대학 도시 옥스퍼드Oxford로 향했다. 《이상한 나라의 앨리스》의 무대이기도 한 이곳에는 해리와 그의 친구들이 식사하던 장면을 촬영한 곳이 있다.

바로 크라이스트 처치 대학의 식당. 식당이라고 하기엔 너무 아름다운 이곳을 둘러 본 후 10분 정도 걸어 보들레이안Bodleian 도서관으로 갔다. 보들레이안 도서관은 해리와 헤르미온느 그리고 론이 볼드모트를 이기기 위해 숨죽이며 오래된 문헌들을 찾아보던 바로 그곳이다.

이 도서관은 해리 일행이 마법의 비밀을 풀어본다는 설정에 어울릴만큼 유서 깊은 도서관이다. 1320년에 설립된 이후 영국에서 출판되는 모든 책의 사본과 세계적인 희귀본을 중심으로 500만 권의 책을 소장하고 있기 때문이다. 그 많은 고서 중에 실제 마법에 관한 책도 몇 권쯤 있을 법하다.

이 건물의 남쪽 끝에는 영화 속에서 응급실로 사용되었던 옥스퍼드 신학교Oxford Divinity School가 있다. 특히 성서와 신화 속에 등장하는 455개의 동물이 장식되어 있는 고딕 양식의 천장은 영국에서 가장 아름다운 것으로 알려져 있다.

런던, 더럼, 앨른윅 성, 글로스터 그리고 옥스퍼드가 영화의 촬영 무대였다면 스코틀랜드의 주도인 에든버러Edinburgh는 작가인 조앤.K.롤링이 살았던 곳이다. 그녀가 어려운 시절을 보냈던 임대 아파트, 커피 한 잔을 시켜놓고 몇 시간씩 앉아《해리 포터》를 썼다는 카페 '니콜슨', 관광객들로 붐비는 고즈넉한 골목, 다이애건 앨리를 묘사하

해리와 친구들이 볼드모트를 이기기 위해 오래된 문헌을 찾아보던 보들레이안 도서관의 일부.

는데 영감을 주었던 에든버러 구시가의 좁은 골목길들, 글레코, 글린피난 철교 등 조앤의 흔적이 남아 있는 장소가 즐비하다.

이중 사람들이 가장 가 보고 싶어하는 곳 중의 하나는 바로 신화가 태어난 곳, 카페 '니콜슨' 이다. 카페의 위치는 사우스 브리지, 로얄 마일 거리가 만나는 곳이라고 알려진 것과 달리 니콜슨 6번지 에든버러 대학 정문의 건너편 2층에 있었다. 한때 해리 포터의 팬들로 북적였던 '니콜슨' 은 아쉽게도 '머글' 들로 북적이는 음식점으로 바뀌어 있었다. 다만《해리 포터》를 집필했던 곳임을 알리는 코팅된 신문만이 입구에 걸려 있었다.

9와 3/4 승강장, 마법 학교의 교실과 복도, 비행 수업을 하던 멋진 잔디밭 그리고 마법용품을 파는 마법사들의 거리인 다이애건 앨리, 확실히《해리 포터》이야기는 마법의 이미지로 잘 모자이크된 동화다. 그리고 여행자들에겐 영화의 도움으로 이런 곳들을 실제로 만날 수 있는 재미가 쏠쏠하다.

나같이 평범한 머글의 감정을 해제시키기에 충분한 여정, 해리가 수업 중에 배우는 무장 해제 마법의 주문이 입가에 맴돈다.

"익스펠리아르무스, 익스펠리아르무스!"

○ 가는 방법

킹스크로스 역 _ 런던에서 스코틀랜드의 동북부와 잉글랜드 동북쪽으로 운행하는 기차가 출발하는 주요 역으로, 언더그라운드(지하철)와 버스를 이용해 쉽게 갈 수 있다.

더럼 _ 킹스크로스 역에서 에든버러 행 특급 기차를 타면 2시간 45분이 걸린다. 뉴캐슬에서는 런던 행 기차로 14분이면 갈 수 있다.

앨른윅 성 _ 뉴캐슬에서 에든버러 방향으로 이동하다 앨른머스에서 하차(소요시간 37분)하여 역 앞에 대기하고 있는 미니버스를 타고 10분이면 앨른윅 마을을 지나 성에 도착한다.

글로스터 _ 런던 패딩턴 역에서 출발하는 기차를 타면 1시간 30분이 걸린다.

옥스퍼드 _ 런던 패딩턴 역에서 직행으로 운영하는 기차를 이용하면 55분, 중간에 정차하는 기차를 이용하면 1시간 5분 정도 걸린다.

에든버러 _ 런던 킹스크로스 역에서 특급 기차로 4시간 30분쯤 걸린다.

○ 꼭 봐야 할 곳

런던 _ 킹스크로스 역, 타워 브리지.

더럼 _ 대성당, 성, 대학, 시청.

앨른윅 성 _ 성과 박물관, 공작의 생활 공간, 정원, 성 주변.

About Writer

조앤.K.롤링 J. K. Rowling (1965~)

그녀의 이야기는 해리의 인생 만큼이나 극적이다. 1965년 웨일스의 시골에서 태어난 조앤.K.롤링은 대학 졸업 후 어머니가 돌아가시자 영어 강사로 일하기 위해 포르투갈로 간다. 그곳에서 그녀는 기자와 결혼하지만 3년도 못 돼 파경을 맞고, 생후 4개월된 딸과 함께 여동생이 살고 있는 에든버러에 방 한 칸짜리 초라한 아파트를 얻어 정착한다.

스물 아홉이라는 젊은 나이에 생활 보조금으로 연명해야 하는 어려운 상황에서, 그녀는 맨체스터에서 런던으로 가는 기차에서 생각해 냈던 해리 포터 이야기를 쓰기로 결심하고 미친 듯이 글쓰기에 매달린다. 1996년 6월, 마침내 원고를 완성했지만 복사비가 없어 낡은 타자기로 완성한 두 벌의 원고를 런던의 에이전트에게 보냈다. 첫 번째 에이전트는 어린이 책으로는 너무 길다며 원고를 돌려보냈지만, 두 번째 에이전트는 독점 계약을 바란다며 블룸스베리 출판사를 알선해 주었다. 아동 도서로는 파격적인 대우를 받았으며 책이 출간된 후엔 돈과 명성을 한꺼번에 거머쥐는 일약 신데렐라의 주인공이 되었다. 출간되자마자 선풍적인 인기를 얻기 시작한 해리 포터 시리즈는 제2권 《해리 포터와 비밀의 방》(1998), 제3권 《해리 포터와 아즈카반의 죄수》(1999), 제4권 《해리 포터와 불의 잔》(2000), 제5권 《해리 포터와 불사조 기사단》(2003), 제6권 《해리 포터와 혼혈 왕자》(2005), 제7권 《해리 포터와 죽음의 성물》(2007)을 마지막으로 완결된 상태다. 《해리 포터》 시리즈는 세계 최우수 아동 도서로 선정되기도 했으며, 스마티즈 상 등 각종 상을 휩쓸었다.

글로스터 _ 대성당, 시청, 노천시장.

옥스퍼드 _ 크라이스트 처치 대학, 보들레이안 도서관, 래드클리프 카메라라, 신학교, 타워.

에든버러 _ 에든버러 대학, 로얄 마일 거리, 캐논 게이트, 항구, 성, 홀리루드 궁전.

○ 숙 박

런던과 에든버러는 물론이고 옥스퍼드와 더럼, 글로스터, 앨른윅 마을에 이르기까지 다양한 숙박 시설이 있다. www.hotelnet.co.uk

근교 명소

런던 근교

큐 가든 _ 지하철 디스트릭스 라인을 이용하여 갈 수 있다(빅토리아 역에서 30분 정도). 영국 최고의 왕립식물원이다.

더럼 근교

뉴캐슬 _ 북부 영국의 대표적인 중심도시로 12세기에 건축한 성을 비롯 니콜라스 대성당과 저택 등 볼거리가 다양한 도시다. 더럼에서 기차로 14분이면 갈 수 있다.

앨른윅 근교

앨른머스 _ 앨른윅 성에서 4킬로미터 떨어져 있는 항구. 버스로 10분 정도 걸린다.

글로스터 근교

첼튼엄 _ 상류사회의 문화를 엿볼 수 있는 온천 도시로 세련된 테라스가 갖추어진 주택과 산책로 등이 많다. 글로스터에서 기차와 버스를 이용하여 20~30분이면 갈 수 있다.

옥스퍼드 근교

백마의 계곡 _ 드넓은 언덕에 거대한 그림이 그려진 곳. 많은 학자들은 인간이 만든 것이 아니라 외계인의 작품이라고 주장하고 있다. 옥스퍼드에서 기차로 40분 정도 걸린다.

에든버러 근교

성 앱스 곶 _ 아름다운 해안 절벽이 유명한 곳으로 해안을 따라 수만 마리의 조류가 서식하고 있다. 버윅 어폰 트위드까지 이동한 다음 트레킹이나 버스를 타고 갈 수 있다. 1시간 정도 걸린다.

여행하기 좋은 시기

앨른윅 성 등은 시즌에 따라 출입을 제한하고 있어 5월 중순부터 10월 중순 사이에 방문하는 것이 좋다.

기타 정보

런던 www.visitbritain.com

더럼 www.durham.gov.uk

앨른윅 성 alnwick.gov.uk (부활절부터 10월 3째 주까지 일반인에게 공개된다. 입장료는 어른 7파운드, 정원 포함은 10파운드.)

글로스터 www.gloucester.gov. uk/tourism

옥스퍼드 www.oxford.uk

에든버러 www.edinburgh.com

동화 속 주인공

해리 포터 _ 이모 집에서 온갖 천대를 받으며 자라다 11세가 되어서야 자신에게 마법의 능력이 있다는 것을 알게 된다. 호그와트 마법 학교에 입학한 후 자신을 죽이려는 볼드모트에 대항해 모험을 펼친다.

론 위즐리 _ 빨간 머리에 주근깨 투성이인 론은 해리 포터의 단짝 친구. 형제가 많다.

헤르미온느 그레인저 _ 규칙 어기는 것을 가장 싫어하는 모범생. 친한 친구인 해리, 론과 함께 신나는 모험을 펼치며 위험에 처할 때마다 지혜를 발휘한다.

덤블도어 _ 호그와트 마법 학교의 교장. 마법사들의 존경을 받는 훌륭한 마법사이자 볼드모트가 두려워하는 유일한 마법사이다.

볼드모트 _ 해리의 부모를 비롯한 많은 이들을 죽인 사악한 마법사. 보통 '그 사람' 으로 지칭된다. 해리를 죽이는데 실패한 뒤 힘이 약해진 그는 계속해서 해리를 노린다.

동심을 키우는 '곰돌이 푸'의 농장

> 푸는 진흙탕으로 가서 온몸이 새까맣게 될 때까지 뒹굴고 또 뒹굴었어.
> 그리고 파란 풍선을 불 수 있는 만큼 크게 불었어.
> 풍선을 잡고 있던 로빈이 손을 놓자 푸는 하늘로 둥둥 떠올랐지.
> 푸가 좋아하는 꿀을 마음껏 따먹기 위한 모험이 시작된 거야.
>
> 《곰돌이 푸》 중에서

빨간 티셔츠를 입은 노란 곰 한 마리가 있다. 그 곰은 스틱놀이 하기, 친구들과 모험하기, 아침운동 하기, 콧노래 부르기 그리고 시 외우기와 노래 부르기를 좋아한다. 세상에서 가장 좋아하는 음식은 꿀이며, 꿀이 있는 친구의 집에 놀러가는 것을 좋아한다. 가장 친한 친구인 피글릿은 그를 이렇게 부른다. '곰돌이 푸' 라고.

Winnie-the-Pooh Story Treasury
Winnie the Pooh
Baby Days
A Poem or Two with Winnie-the-Pooh
10 Favourite Poems
Winnie the Pooh
WINNIE-THE-POOH
A.A.MILNE
WHEN WE WERE VERY YOUNG
A.A.MILNE
Tigger
Winnie the Pooh
A.A.MILNE
NOW WE ARE SIX
A.A.MILNE
WINNIE-THE-POOH
THE HOUSE AT POOH CORNER
Pooh's day out
Pooh's day at home

곰돌이 푸를 만나기 위해 길을 나섰다. 《곰돌이 푸》의 무대로 알려진 하트필드Hartfield로 가는 길은 부호의 별장과 농장이 즐비하다. 아름다운 구릉 사이로 졸졸 흐르는 시냇물, 아침 햇살의 심술에 잠을 깨는 안개, 종달새와 풀벌레 소리까지 때묻지 않은 자연을 그대로 느낄 수 있는 곳이다.

넓은 들판과 목장, 산 아래로 보이는 작은 마을을 지나다보니 왜 많은 사람들이 영국의 시골을 사랑하는지 그 이유가 짐작이 된다. 물론 영국의 시골보다 스위스나 독일의 시골이 더 멋지고 낭만적이라고 생각하는 이도 있을 테지만 영국만큼 다양한 이야깃거리와 독특한 문화를 간직한 시골을 찾기는 어렵다.

아담하고 정겨움이 넘치는 시골길과 투박한 담장이 하나씩 시야를 스치며 지나간다. 얼마쯤 달리다 보니 길목에 서 있는 안내판 하나가 눈길을 사로잡는다. 노란색 아기 곰과 주황색 토끼가 손짓을 하고 그 옆에 아이가 그려져 있다. 바로 《곰돌이 푸》의 무대인 하트필드가 가까이 있다는 신호다. 하지만 곧 나타날 것 같았던 마을은 여간해서 보이지 않는다. 답답했던 시간이 얼마쯤 흐르자 저 멀리 마을이 보인다.

런던에서 남쪽으로 약 한 시간 거리에 있는 하트필드는 작은 마을이다. 아니 마을이라고 하기에도 너무 작다. 마을 중심부에 20여 가구가 모여 있고, 그 주변은 넓은 농장이다. 마을의 관광안내소이자 동화 《곰돌이 푸》에 관한 정보가 있는 푸 코너Pooh Corner는 10평 남짓한 작은 상점인데 동화책을 비롯하여 푸에 관한 정보를 얻을 수 있는 유일한 곳이다.

푸 코너에서는 캐릭터 인형을 비롯하여 여러 언어로 된 책을 볼 수 있었다. 상점의 아주머니에게 푸에 대해 묻자 작가인 알란 알렉산더 밀른Alan Alexander Milne이 살았던 코치퍼드 농장과 《곰돌이 푸》의 배경으로 잘 알려진 푸 다리, 푸와 여러 동물 친구들이 놀았던 '숲 속 마법의 장소'까지 자세하게 알려준다.

푸 코너에서 조금 걸으면 푸 다리를 알리는 작은 사인 보드가 나온다. 그곳에서 10여 분 정도 더 가면 아주 멋진 코치퍼드 농장과 만난다. 하트필드는 옛날부터 런던의 귀족이나 부호들의 농장이 모여 있는 곳으로 유명하다.

농장 하나의 면적도 상상을 초월할 정도로 넓고 집도 작은 궁전이나 성이 아닐까 싶을 정도인데, 밀른이 살았던 코치퍼드 농장도 예외는 아니다. 들어가 볼 수는 없지만 울타리 너머로 보이는 멋진 저택과 농장의 풍경이 무척 아름답다. 이 커다란 이층집이 바로 밀른이 《곰돌이 푸》를 저술했던 장소라고 생각하니 느낌이 새롭다.

《곰돌이 푸》는 밀른이 아들 크리스토퍼 로빈을 위해 아들의 장난감을 소재로 하여 쓴 동화다. 장난감들을 의인화한 동화 《곰돌이 푸》의 무대는 하트필드의 여러 농장과 마법의 숲 그리고 마을 구석구석이지만, 그 중에서도 가장 중요한 공간이 바로 눈 앞에 보이는 작가의 멋진 저택 그리고 다락방인 셈이다.

코치퍼드 농장에서 푸 다리가 있는 곳까지는 농장과 아담한 별장이 이어진다. 잔뜩 기대한 탓일까. 진흙탕을 지나 찾은 푸 다리는 조금 실망스럽다. 폭 2미터에 길이가 6~7미터에 불과한 나무 다리였는데,

동화의 무대가 되었던 곳임을 표시해 놓은 코치퍼드 농장의 모습.

이곳 저곳 구경하고 있자니 젊은 커플이 나타나 기념 촬영을 한다.

그들에게 숲 속 마법의 장소에 대해 묻자 아주 멋진 곳이라며 극찬을 아끼지 않는다. 한 시간쯤 걸으니 숲이 나왔다. 끝없이 펼쳐진 숲은 전나무와 낙엽송을 비롯하여 다양한 나무가 어우러져 있다. 마법의 숲에는 산책로뿐 아니라 승마와 산악 자전거 등을 즐길 수 있는 코스도 마련되어 있고, 언제든 쉬어갈 수 있도록 예쁜 의자도 놓여 있다.

하트필드는 부호와 귀족이 살았던 곳답게 여유가 넘친다. 유명한 동화의 무대라는 말이 무색할 정도로 현대식 호텔도 하나 없고 카페와 비앤비 몇 가구가 고작이다. 화려하고 요란한 장식은 찾아볼 수 없지만 소박한 카페와 민박집은 마치 집처럼 편안하다. 아침까지 제공되는 이곳의 민박은 시골 사람들의 따뜻한 정을 직접 체험할 수 있고, 가격도 저렴하다. 대부분은 농장을 운영하면서 여유 있는 방을 비앤비로 활용하기 때문에 영국 농촌을 경험하기에는 참 좋다.

《곰돌이 푸》는 디즈니사의 애니메이션 때문에 더욱 유명해졌지만 원래 그는 만화영화가 아닌 동화 속 주인공으로 세상에 태어났다. 《곰돌이 푸》로 알려진 동화는 원래 두 권으로 1926년 발표된 《곰돌이 푸는 아무도 못 말려》와 1928년에 발표된 《푸야, 나는 그래도 네가 좋아》가 그것이다.

《곰돌이 푸》는 발표되자마자 영국과 미국을 비롯하여 영어권 독자들에게 대단한 인기를 얻었다. 그리고 각국의 언어로 번역되어 세계의 어린이들에게 폭발적인 사랑을 받았다.

흥미롭고 변화무쌍한 동물 세계를 보여주는 이 동화는 여러 인간의 유형을 그리고 있다. 조금 어수룩하지만 성실하고 착한 푸는 달콤한 꿀 냄새가 나면 모든 수단을 동원하여 꿀을 먹기 위해서 노력한다. 겁 많은 꼬마 돼지 피글릿은 푸가 생각하지 못한 것을 진지하고 차분하게 처리해 주고, 기쁠 때나 슬플 때나 늘 푸와 함께 한다. 변덕스러운 호랑이 티거, 우울하고 힘없는 당나귀 이요레, 똑똑하고 잘난 척하는 래빗, 푸를 매우 사랑하는 캥거의 행동은 각양각색의 인간을 상징하는 듯하다.

작은 시골 마을 하트필드, 지도에도 잘 표시되어 있지 않은 작은 마을이지만 《곰돌이 푸》를 사랑하는 사람이라면 한 번쯤은 가 볼 만하다. 한 가지 재미있는 것은 지구촌 가족들에게 사랑받는 동화 캐릭터인 곰돌이 푸와 키티 모두 영국 동화의 주인공이고, 이를 상업적으로 잘 이용하는 나라는 미국과 일본이라는 사실이다.

'아이' 가 아니라 '마음 속에 자리잡고 있는 아이' 에게 들려주기 위해서 《곰돌이 푸》를 집필했다는 밀른의 의도대로 이 예쁜 이야기책에 열광한 이들은 오히려 어른들이었다. 앞으로도 그 사실은 변함 없을 것 같다.

○ 가는 방법

런던에서 하트필드로 가려면 자동차나 대중 교통을 이용하는 방법이 있다. 런던의 빅토리아 역에서 이스트 그린스테이트 행 로컬 기차를 타고 이스트 그린스테이트 역에 내려(40분) 역 바로 앞에 있는 버스 터미널 왼쪽 편에서 291번 버스를 타고 25분쯤 가면 된다. 버스는 1시간에 1대씩 운행된다.

○ 꼭 봐야 할 곳

푸 코너, 푸 비앤비, 푸 다리, 푸 산책로, 숲 속 마법의 장소, 코치퍼드 농장, 하트필드 공원.

○ 숙박

하트필드는 아주 작은 시골 마을이다. 푸 비앤비를 비롯하여 인근 마을에는 민박집과 그림처럼 예쁜 작은 호텔들이 있다. 단 주말에는 마을에 도착하는 즉시 숙소를 정하고 주변을 둘러보는 것이 좋다.

○ 근교 명소

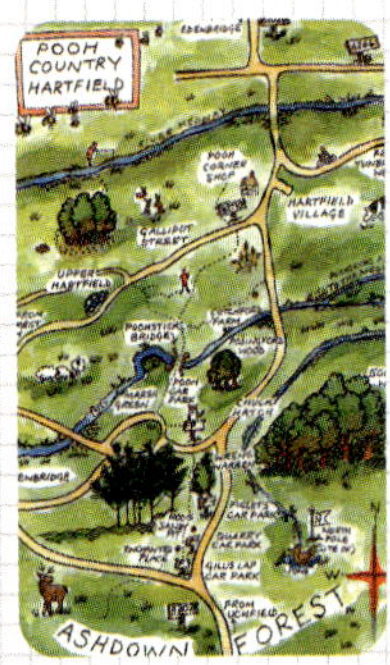

브라이턴 _ 영국 최고의 해변 휴양지로 알려진 브라이턴은 그린스테이트에서 기차로 20분 거리에 있다. 아름다운 해변과 팰리스 피어와 수족관을 비롯, 다양한 볼거리가 있어 영국인들이 많이 찾는 명소이다.

캔터베리 _ 영국을 대표하는 문학가 초서의 작품 《캔터베리 이야기》의 무대이자, 성곽 도시로 유명하다. 도시의 상징인 캔터베리 대성당은 세계 문화유산으로 등록되어 있을 정도로 웅장하고 아름답다. 그린스테이트에서 로컬 기차로 1시간 20분 걸린다.

○ 동화 속 주인공

푸 _ 빨간 티셔츠를 입고 있는 상냥한 곰. 꿀이 있는 곳이라면 어디든지 달려가는 푸는 피글릿, 로빈과 함께 매일 색다른 모험을 즐긴다.

크리스토퍼 로빈 _ 숲의 모든 이를 사랑하는 대장. 친구들이 잘못을 저지를 경우 따끔하게 충고

About Writer

알란 알렉산더 밀른 Alan Alexander Milne(1882~1956)

알란 알렉산더 밀른은 런던 근교의 하트필드에서 태어나 웨스트민스터와 케임브리지에서 교육을 받았다. 그가 문학 분야에서 주목을 받기 시작한 것은 그의 아들인 로빈을 위해 쓰기 시작한 시 '아주 어렸을 때(When we were very young)'를 발표하면서부터다. 그 후 《곰돌이 푸》로 영국과 미국에서 그의 명성은 높아졌으며 여러 아동 명작을 각색하기도 했다.

밀른은 《이상한 나라의 앨리스》의 작가 루이스 캐럴의 뒤를 이어 판타지 문학의 대표 주자로 인정받고 있는데, 문학 속에 흐르는 전반적인 사상은 인간애와 가족주의였다. 곰돌이 푸가 놀라운 점은 대부분의 동화책에서 흔히 접할 수 있었던 권선징악에 대한 구절이 없다는 것이다. 누가 옳고 누가 잘못된 것인지 판단을 유보함으로써 꿈 많은 어린아이들에게 세상을 보다 긍정적으로 볼 수 있게 유도하면서 스스로 판단하도록 한다.

우리가 알고 있는 귀여운 동물 캐릭터와 수채화 같은 숲의 그림은 동화 삽화가인 E. H. 셰퍼드에 의해 탄생했다. 그는 실제로 로빈이 가지고 있던 인형들과 코치퍼드 농장의 풍경을 바탕으로 주옥같은 그림을 그렸다. 삽화가 반 이상을 차지하는 푸 시리즈는 만화영화의 인기에 힘입어 세계적인 인기 캐릭터가 되었다. 푸는 UN으로부터 우정의 대사로 임명되기도 했다.

를 하기도 한다.

피글릿 _ 줄무늬 티셔츠를 입고 있는 겁쟁이 아기 돼지. 푸와 함께 살고 있으며 입으로 민들레 부는 것을 좋아한다.

티거 _ 펄쩍펄쩍 뛰어다니는 재미있고 낙천적인 호랑이. '티거는 최고다.' 라는 말을 늘 달고 다닌다.

이요레 _ 친구들에게 늘 생일을 말하고 다니는 당나귀. 문제가 생기면 꼬리가 몸통에서 떨어지려고 한다.

《이상한 나라의 앨리스》의 무대 **영국 옥스퍼드 Oxford**

이상한 나라를 잊지 못하는 어른들의 도시

앨리스는 토끼를 쫓아 내달렸다. 그리고 굴 속으로 쏙 들어가는 토끼를 겨우 따라잡았다.
바닥이 꺼지는 바람에 앨리스는 우물 같은 곳으로 떨어졌다.
탁자 위에 병이 하나 놓여있었고 병에는 '나를 마셔요.' 라고 적힌 종이 꼬리표가 달려 있었다.
그래서 앨리스는 안심하고 맛을 보았다. 그러자 앨리스의 키가 25센티미터로 줄어 들었다.

《이상한 나라의 앨리스》 중에서

런던과 옥스퍼드 사이를 흐르는 템스Thames 강변의 경치는 언제 보아도 낭만이 넘친다. 우거진 나무와 으리으리한 저택들, 그림같이 아름다운 마을을 지나기 때문이다. 또한 고풍스러운 건축물과 편안한 분위기를 연출하는 골목 그리고 활기가 넘치는 옥스퍼드Oxford 거리는 늘 새로운 소재와 풍광을 찾아 나서는 나를 잡아 끈다. 영국을 상징하는 장미꽃의 고장이자, 지성을 대표하는 대학 도시 옥스퍼드는 도시 전체가 커다란 대학이자 박물관이다.

옥스퍼드에서는 《이상한 나라의 앨리스》의 작가 루이스 캐럴 Lewis Carroll의 흔적을 만날 수 있다. 어렸을 때 읽은 앨리스 이야기는 잠시도 긴장을 늦출 수 없는 흥미로운 모험 이야기였다. 끊임없이 상상의 세계로 이끄는 앨리스에 매료되어 런던에 갈 일이 생기면 꼭 옥스퍼드를 찾게 된다.

세계 최고의 명문 대학이 있는 도시, 옥스퍼드의 도심에 들어서면 고색 창연한 건물과 뾰족한 탑이 눈길을 끈다. 로맨틱한 카페와 도서관, 숲과 들판 사이로 유유히 흐르는 강물은 이곳을 찾는 이의 마음을 쉽게 빼앗아 간다.

런던 패딩턴 Paddington 역을 출발한 기차가 55분 후 옥스퍼드에 도착했다. 옥스퍼드 내에서도 가장 큰 규모를 자랑하는 크라이스트 처치 대학과 그 주변으로 발걸음을 옮겼다. 크라이스트 처치 대학에는 앨리스와 관련된 흔적이 많이 남아 있는데, 그중 가장 최근에 등장한 것이 대학 입구에 세워진 사인 보드다.

불과 2년 전에 이곳을 찾았을 때만 해도 볼 수 없었던 사인 보드에는 이상한 나라의 앨리스에 관한 내용이 가득하다. 앨리스에 매료된 많은 이들이 이곳을 찾고 있다는 반증이 아닐까.

《이상한 나라의 앨리스》는 옥스퍼드 대학의 수학 교수였던 루이스 캐럴이 1865년에 발표한 작품이다. 옥스퍼드 대학 수학과에 입학하여 뛰어난 재능을 인정받은 캐럴은 졸업과 동시에 크라이스트 처치 대학에서 강의를 시작하게 되었다.

Christ Church
Christ Church

루이스 캐럴이 예배를 보았던 크라이스트 처치 대학 교회.

캐럴은 당시 학장이었던 헨리 조우지 리델 씨 가족과 가깝게 지냈는데, 시간이 허락될 때면 리델 학장의 세 딸에게 새로운 이야기를 들려주곤 했다. 1862년 무더운 여름날, 리델 학장의 딸들과 함께 템스 강에서 뱃놀이를 즐기던 그는 자매들을 즐겁게 해주려고 즉석에서 이상한 나라의 앨리스 이야기를 들려준다.

훗날 이 이야기를 책으로 펴낸 것이 바로 동화 《이상한 나라의 앨리스》다. 루이스 캐럴은 리델 학장의 세 딸 중 둘째인 앨리스와 가장 친하게 지냈는데, 그가 앨리스를 좋아한 것은 장난기는 많지만 때묻지 않고 순수했기 때문이었다.

크라이스트 처치 대학에는 여러 개의 출입구가 있다. 웅장한 아치 모양의 정문 외에도 동서남북으로 연결된 출입구가 있는데, 대학 관계자 외에는 누구나 방문자 전용 출입구를 이용해야 한다. 방문자 출입구에서 입장료를 내고 조금 어두운 복도를 걷다보면 옛 도서관이 나온다. 도서관을 지나 나지막한 계단을 지나면 이 대학에서 가장 유명한 식당으로 연결되는 계단에 이른다.

웅장한 계단을 올라가 멋진 문으로 들어서자 오른쪽 벽에 루이스 캐럴의 초상화가 보인다. 대부분의 초상화가 정면을 응시하고 있는데 루이스 캐럴의 초상화는 측면을 보고 있는 것이 조금 특이하다. 그는 멋진 사진 작품을 남긴 뛰어난 사진 작가이기도 한데, 역시 예술가다운 포즈라는 생각을 해 본다.

지금까지 교수와 학생들의 식당으로 사용되고 있는 이곳은 너무도 웅장해서 과연 식당일까 하는 의심이 들 정도였다. 창을 장식한 스테인드글라스 때문에 더욱 화려하고 장엄해 보이는데, 스테인드글라스에는 성서에 등장하는 여러 성인이나 대학의 문장을 나타낸 것이 많다. 그런데 그 가운데 앨리스가 새겨진 것도 있다.

사실 1990년에 처음 방문했을 때만 해도 앨리스의 흔적이 남아 있다는 것을 전혀 몰랐다. 그 후 다시 들렀을 때 우연히 옥스퍼드 워킹 투어를 담당하는 가이드를 만났다. 그는 동화와 관련된 여러 장소를 안내하면서 대학 식당 중앙에 장식된 스테인드글라스에 앨리스의 얼굴이 새겨져 있다는 사실을 알려 주었다. 이곳은 그 후 영화 '해리 포터'의 촬영 장소로 더욱 유명해졌다.

식당에서 나와 드넓은 정원으로 이동하다보면 크라이스트 처치 대학의 최고 자랑인 교회가 나온다. 장엄하면서도 위엄이 느껴지는 교회는 영국을 대표하는 많은 성직자를 배출한 곳이다. 또 유명한 목회자의 아들이었던 루이스 캐럴이 리델 학장 가족과 함께 예배를 보던 장소이기도 하다.

웅장한 크라이스트 처치 교회의 첨탑은 13세기에 지어졌는데, 영국에서 가장 오래된 것으로 유명하다. 또한 대학 식당과 정원 사이에는 아담한 건물이 여러 채 있는데, 한쪽 모퉁이에는 리델 학장이 그의 가족과 살던 관사가 남아 있다. 도로 건너편 아파트에 살던 루이스 캐럴은 관사에 자주 들러 차를 마시거나 가족과 어울렸다고 한다.

크라이스트 처치 대학을 나와 강변으로 향하면 템스 강의 줄기 가운데 하나인 처웰 Cherwell 강과 만난다. 캐럴과 앨리스 자매가 산책을 하던 강변은 동화와 밀접한 연관이 있다.

앨리스 숍의 한 쪽 코너. 캐릭터 그림은 물론 동화의 장면을 담은 그림 엽서와 판화가 걸려 있다.

캐럴이 앨리스와 함께 거닐며 재미있는 이야기를 들려주던 이 강변에서, 너벅선이 줄지어 떠 가는 흥미로운 광경을 감상하며 《이상한 나라의 앨리스》를 떠올리다 보면 현실에서 잠깐 다른 세상으로 옮겨 온 듯한 생각이 든다.

너벅선은 작은 나무배인데, 긴 장대로 배를 저어 강을 따라 오르면 낭만을 만끽할 수 있다. 봄부터 가을까지 운행되는 너벅선은 옥스퍼드의 명물이다. 처웰 강을 뒤로 하고 아름드리 나무가 숲을 이룬 산책로를 지나면 멋진 쇼핑몰이 모여 있는 상가에 이른다. 상가의 끝자락에는 동화와 관련된 다양한 물건과 책을 파는 가게가 있다.

크라이스트 처치 대학 정문에서 대각선으로 100미터쯤 떨어져 있

크라이스트 처치 대학 식당에 걸려 있는 루이스 캐럴의 초상화. '찰스 러트위지 도지슨'이라는 본명이 적혀 있다.

는 상점 앞에는 앨리스와 토끼가 그려진 간판이 붙어 있다. 십여 평에 불과한 작은 가게지만 앨리스와 관련된 캐릭터 인형과 작가의 초상화를 비롯하여 여러 출판사에서 발행한 동화책이 진열대를 메우고 있다.

이 독특한 가게의 주인은 일본 사람으로, 동화《이상한 나라의 앨리스》를 너무 좋아해 일본에서 이곳 옥스퍼드로 건너오게 되었다고 한다. 앨리스 상점 옆에는 앨리스 갤러리 겸 찻집이 자리하고 있어 맛있는 영국 차를 마실 수 있었는데, 2004년 가을에 다시 찾아가 보니 찻집은 온데간데 없었다. 앨리스를 따라 이상한 나라의 동화 속으로 이사라도 간 것일까. 여행 때마다 들러 차를 마시던 찻집이 없어져 아쉬운 마음에 부질없는 상념에 잠겨본다. 런던행 기차에서 석양을 바라보며 비록 찻집은 사라졌지만 또 옥스퍼드를 찾으리라는 계획을 세워본다.

가는 방법

옥스퍼드로 가는 방법은 다양하지만 가장 많이 이용하는 방법은 크게 세 가지. 런던의 패딩턴 역에서 출발하는 직통 기차로 55분이 걸린다. 버스를 이용할 경우 런던 빅토리아 코치 정거장에서 옥스퍼드 코치 정거장까지는 1시간 30분이 걸린다. 런던 히드로 국제공항에서 옥스퍼드 행 리무진을 이용하면 1, 2, 3 터미널에서는 1시간 30분이, 4터미널에서는 2시간이 걸린다.

꼭 봐야 할 곳

크라이스트 처치 대학 본관, 대학식당, 크라이스트 처치 교회, 래드클리프 카메라(보들레이안 도서관), 학위 수여식이 열리는 셀도니언 극장, 구 애쉬몰린, 순교자 기념관, 성 마리아 교회(옥스퍼드 타워가 있는 곳), 애쉬몰리언 박물관, 옥스퍼드 박물관, 식물원, 옥스퍼드 스토리, 대학 박물관, 탄식의 다리, 처웰 강, 앨리스 상점, 트리니트 대학 등.

숙박

오랜 역사를 자랑하는 옥스퍼드에는 매력적인 숙소가 많이 있다. 애쉬몰리언 박물관 앞에 있는 유서 깊은 호텔인 맥도랄드를 비롯하여 수많은 예술가와 문학가들이 묵었던 호텔과 전통 민박집인 비앤비 등이 많다. www.oxford.uk

근교 명소

블렌하임 궁전 _ 영국의 영웅 처칠이 태어난 곳으로 옥스퍼드 북쪽에 있는 궁전이다. 옥스퍼드 코치 정류장에서 출발하는 버스를 타고 약 30분이면 갈 수 있다. 이 아름다운 저택에는 그림과 유물 등 흥미로운 볼거리가 즐비하다. 특히 분수와 조각으로 장식된 정원이 아름답다.

템스 강 _ 옥스퍼드에서 보트를 타고 즐길 수 있는 여행지로 빌리 공원에서 출발하여 손닝 다리와 워처치 밀을 지나 세계에서 가장 유명한 공립학교 이튼 스쿨까지 이어지는 투어가 가능한데, 그 길이가 75킬로미터에 이른다. 환상적인 농촌 풍광과 낭만적인 전원 풍경을 접할 수 있는 이 코스에는 다양한 선술집과 레스토랑이 많이 있다. 다양한 음식을 맛볼 수 있는 점도 빼놓을 수 없는 자랑거리.

About Writer

루이스 캐럴 Lewis Carroll (1832~1898)

영국인이 아니고서는 이 놀라운 이야기의 재미를 완벽하게 이해하지 못한다고 할 만큼 《이상한 나라의 앨리스》는 복잡하고 풍부한 내용을 담고 있다. 이 동화를 쓴 루이스 캐럴은 옥스퍼드의 수학자로 본명은 찰스 러트위지 도지슨(Charles Lutwidge Dodgson)이다. 머리는 좋지만 내성적이고 수줍음이 많은 반면 어린이를 매우 좋아했다. 호기심이 많아 역사, 희극, 논리학 등에 열정을 쏟았으며, 어린 소녀들의 사진을 많이 남긴 사진작가이기도 하다. 또한 평생 독신으로 살며 소녀들을 즐겁게 해 주기 위한 흥미로운 게임과 퍼즐을 고안했다.

그의 작품 《이상한 나라의 앨리스》와 《거울 나라의 앨리스》는 영국 문학에서 셰익스피어 희곡에 이어 두 번째로 자주 인용될 만큼 아동 문학의 고전으로 평가되고 있다. 또한 역설과 넌센스적인 운을 가진 언어 유희는 논리학자와 언어학자들에게 많은 연구 과제를 제시했고, 제임스 조이스나 버지니아 울프가 보여 준 현대 실험적 산문의 선구자로 평가되기도 한다.

○ 여행하기 좋은 시기

장미의 고장으로 알려진 옥스퍼드는 장미가 피는 5~6월이 가장 좋다.

○ 동화 속 주인공

앨리스 _ 일곱 살 소녀. 흰토끼와 우연히 만나 이상한 나라로의 여행을 시작하게 된다. 호기심과 언어적 재능을 지니고 있다.

흰토끼 _ 늘 바쁘다고 외치면서 뛰어다닌다. 소심한 성격으로 여왕의 전령사이다.

여왕 _ 독재의 상징이며 첬다하면 이기는 크로켓 경기를 즐긴다. 앨리스에게 사형 언도를 내린다.

도도새 _ 앨리스에게 코커스 경기를 가르쳐 주는 새. 작가인 루이스 캐럴의 모습이 투영되어 있다.

Vinegar Jones
QUALITY FISH & CHIPS
EAT IN
TAKE AWAY
Eat in
Take-Away
Vinegar Jones
Eat in
Take-Away
OPEN
BEER GARDEN

《피터 래빗》의 무대 **영국 윈더미어 Windermere**

그림책의 클래식,
피터 래빗의 고향

엄마가 말했어요.
"귀여운 우리 아기들! 들판이나 울타리 사잇길에서는 얼마든지 놀아도 되지만
맥그리거 씨네 정원에는 절대 들어가면 안 된다."
엄마 말을 잘 듣는 착한 플롭시, 몹시, 코튼 테일은 산딸기를 따려고 울타리 사잇길로 갔어요.
하지만 말썽쟁이 피터는 곧장 맥그리거 씨네 정원으로 달려갔어요. 《피터 래빗》 중에서

'옛날에 꼬마 토끼 네 마리가 있었습니다….' 로 시작하는 이야기는 바로 100년 이상 전 세계 어린이들의 열렬한 사랑을 받아 온 그림책의 클래식, 《피터 래빗》이다. 장난꾸러기 토끼 피터, 생쥐, 아기 고양이, 고슴도치, 오리 그리고 개구리들이 펼치는 이 이야기는 영국의 호수 지방 윈더미어 Windermere를 배경으로 하고 있다.

이아를 데리고 꼭 다시 가고 싶었던 윈더미어로 떠났다. 런던 유스턴 Uston 역에서 인터시티를 타고 얼마쯤 달리자 길게 펼쳐진 페나인 산맥이 눈에 들어온다. 가장 영국다운 매력을 가졌다는 코츠월드 Cotswold와 《폭풍의 언덕》으로 유명한 하워즈 Howards를 뒤로 하고 조금 더 달리자 그림 같은 풍광이 펼쳐진다. 멋진 경치에 푹 빠져 있는 사이, 이아가 배낭을 챙기며 다음 역이 옥센홀름 Oxenholme이라고 서둘러댄다. 동화마을로 가는 여행을 좋아하는 이아는 피터 래빗의 고향에 간다는 사실에 이번에도 잔뜩 설레는 모양이다.

빙하기에 형성된 크고 작은 호수 500여 개가 모여 장관을 연출하는 호수 지방의 관문인 작은 도시 윈더미어. 윈더미어에 도착하자마자 숙소를 찾아 나섰다. 연간 2000만 명이 찾는 영국 최고의 인기 여행지라는 명성답게 모든 호텔은 만원이었다. 늘 그랬던 것처럼 골목에 있는 민박집을 찾았다.

작은 민박집에 들어서자 집주인이 무뚝뚝하게 어디서 왔느냐고 묻는다. 별 생각없이 한국에서 왔다고 하니 어떤 방을 원하는지 친절하게 물어 왔다. 지난 가을에 한국으로 여행을 갔는데 많은 사람들이 친절하게 도와줬다며 함박 웃음을 짓는 것이 아닌가.

기쁜 마음으로 여장을 풀고 윈더미어와 호수 사이에 있는 작은 마을 보네스 Bowness를 찾았다. 보네스에는 피터 래빗의 작가, 베아트릭스 포터 Beatrix Potter의 기념관이 있다. 기념관에는 《피터 래빗》과 《글로스터의 재단사》 등 그녀의 대표작과 소장품이 전시되어 있는데 대부호의 상속자이자 대작가의 것이라고 믿기 어려울 정도로 소박했다.

THE WORLD OF
BEATRIX POTTER
ATTRACTION

다음날 우리는 피터 래빗의 주무대인 힐탑 Hill Top에 가기 위해 아침 일찍 길을 나섰다. 20여 분쯤 걷자 호수와 선착장이 보이기 시작했다. 호수 위를 여유롭게 노니는 백조, 관광객을 태우고 유유히 달리는 유람선, 작은 배들이 모여 있는 선착장 그리고 드넓은 공원과 예쁜 집들까지…. 윈더미어 호수와 주변 풍경은 예술 그 자체다.

배를 타고 니어소리 마을 외곽에 도착해 힐탑으로 향했다. 힐탑으로 가는 길에서도 동화 같은 풍경이 이어진다. 소풍 나온 가족의 모습, 자전거와 롤러스케이트를 타는 꼬마들, 잔잔한 호수에 비친 산과 나무들…. 피터 래빗의 무대가 되었던 장소답게 모든 것들이 아름답기만 하다.

힐탑으로 가는 길은 두 코스가 있다. 하나는 곧게 펼쳐진 길을 따라가는 것이고 다른 하나는 숲을 질러가는 코스인데 우리는 숲을 선택했다. 이름 모를 산새들의 합창을 벗삼아 얼마쯤 걷자 나지막한 언덕이 나타났다. 멋진 산과 호수, 그림책 같은 마을, 편안한 자세로 풀을 뜯고 있는 양떼와 말들, 드러누워 휴식하는 소…. 지상낙원이 있다면 바로 이곳이 아닐까 싶다.

나지막한 언덕과 굽은 길을 따라 30분쯤 걷자 힐탑이라고 새겨진 토끼 모양 간판이 나온다. 바로 이곳이 손수건 잃어버리는 것만 빼면 뭐든 잘 하는 예쁜 소녀 루시와 조금은 인색한 맥그리거 부부, 우리의 주인공 피터 래빗과 개구리 어부 제러미가 등장하는《피터 래빗》시리즈의 무대다.

《피터 래빗》을 한 번이라도 읽어 본 사람이라면 누구나 느낄만큼 힐탑은 동화책 분위기와 꼭 같다. 100년 전 베아트릭스 포터가 동화를 저술할 때와 별다른 변화가 없어 보이는 힐탑의 풍경은 여행객으로 하여금 동화 속으로 푹 빠져들게 만든다.

《피터 래빗》 시리즈는 단순한 그림책이 아니다. 손수건을 잃어버린 루시가 손수건을 찾기 위해 여러 곳을 돌아다니면서 만나는 동물들. 그들의 행동과 입을 통하여 전달되는 이 이야기는 힐탑에 살고 있었던 주민들의 삶을 바탕으로 한 작품이다. 피터 래빗은 개구쟁이지만 누나인 플롭시네 가족을 도와주기도 하고 다른 동물들에게 직접 재배한 상추를 나눠주기도 한다.

고슴도치인 티기윙클 부인은 여러 동물의 어려운 이야기를 들어주고, 개구리 어부 제러미는 '작은 불행은 큰 불행보다 다행' 이라며 긍정적인 삶을 추구한다. 반면 부자인 맥그리거 부부는 동물들이 조금이라도 자신에게 피해를 주면 혼내려고 하는 이기적인 인물로 묘사되고 있다.

당시 영국은 산업혁명으로 공업이 급격하게 발달하면서 인간을 하나의 상품처럼 취급하는 풍토가 만연했다. 하지만 도시의 이런 각박한 삶과는 반대로 시골 사람들은 서로를 돕고 의지하면서 살아간다는 것을 동물을 통해 보여 준 《피터 래빗》은 영국 사회상을 우회적으로 그려냈다.

힐탑은 포터가 살았던 집과 작업실을 중심으로 주변에 작은 찻집과 레스토랑 그리고 동물 농장을 연상시키는 농가 20여 호가 모여 있는 정말 예쁜 시골이다. 작가의 작업실도 10여 평에 불과하다. 소박한

《피터 래빗》의 무대를 찾아온 가족이 힐탑 여기저기를 산책하고 있다.

장식품 사이에 걸려 있는 작가의 초상화는 마치 이웃집 아주머니 같다. 집필을 하던 책상과 몇 권의 오리지널 원고와 여러 언어로 번역 출간된 《피터 래빗》 책이 전부인 작업실은 그녀의 삶에 대해 많은 것을 생각하게 한다.

작업실에서 꽃으로 가꾸어진 오솔길을 따라 조금 걸으면 포터와 가족이 함께 살던 집이 나온다. 화려한 구석이라고는 단 한 곳도 찾아볼 수 없을 만큼 소박하고 검소하게 살았던 그녀는 이 건물을 내셔널 트러스트National Trust에 기증했고, 현재는 윈더미어 지방의 내셔널 트러스트 회원을 교육시키는 장소로 활용되고 있다.

윈더미어 지방의 아름다운 자연이 지금까지 잘 보존될 수 있었던

것은 바로 베아트릭스 포터와 내셔널 트러스트의 공이다. 영국에서 가장 많은 토지와 유적지를 보유한, 회원 250여만 명에 연간 예산만도 3천억 원이 넘는 내셔널 트러스트는 자연 보호와 사적 보존 활동을 하는 단체로 포터의 기증에 의해 1895년 윈더미어 지방에서 창설되었다.

포터는 물려받은 재산과 자신이 벌어들인 전 재산을 투자해 15개의 농장과 500만 평에 해당되는 토지를 사서 내셔널 트러스트에 기증했다. 그녀가 내건 조건은 단 하나, '절대로 개발하거나 다른 용도로 사용하지 않는다.' 는 것이었다. 힐탑과 보네스, 윈더미어에서 100년 전 자연의 아름다움을 그대로 누릴 수 있는 것은 그녀의 자연 사랑과 실천 덕분인 셈이다.

윈더미어 지방은 아름다운 자연을 주제로 많은 작가들이 저술 활동을 했던 곳이다. 또한 시인 워즈워드를 비롯하여 《제인 에어》의 작가 브론테, 시인 키츠 등 영국을 대표하는 낭만주의 문학의 산실이기도 하다. 이 영향인지 포터의 글도 낭만주의의 향기로 가득하다. 포터는 워즈워드의 생가와 학교에 자주 들러 워즈워드의 사상을 탐미했다고 한다.

베아트릭스 포터의 향기로 가득한 그녀의 작업실 앞에 있는 나무 의자에서 내가 알고 있는 동화와, 동화만큼 아름다운 삶을 살다간 작가에 대해 이아에게 이야기해 주던 그 순간은 너무나 행복했다. 우리나라의 아름다운 자연이 점점 사라져가는 것을 볼 때마다 베아트릭스 포터, 그녀가 더욱 그리워진다.

가는 방법

윈더미어 호수와 니어소리 마을 외곽에 위치한 힐탑으로 가려면 런던 유스턴 역에서 스코틀랜드 글라스고우 행 특급 기차를 타고 가다 옥센홀름에서 내려 윈더미어 행 기차로 갈아타야 한다. 유스턴 역에서 옥센홀름까지는 4시간 10분, 옥센홀름에서 윈더미어까지는 1시간 20분이 걸린다. 윈더미어에서 힐탑으로 가려면 보네스에서 니어소리까지 배를 타고 선착장에서 내려 40분 정도 걸으면 된다.

꼭 봐야 할 곳

보네스의 베아트릭스 포터 기념관, 윈더미어 호수, 니어소리 마을, 힐탑의 베아트릭스 포터 작업실과 주택, 힐탑의 들판과 산, 작은 호수, 내셔널 트러스트에서 운영하는 농장과 건축물.

숙박

힐탑에는 작은 호텔이 서너 개 있으나 객실이 적은 관계로 서둘러 예약을 해야 한다. 윈더미어의 경우 작은 호텔 10여 개와 100곳이 넘는 민박집이 있어 투숙하는 데는 어려움이 없지만 매년 2000만 명이 넘는 관광객이 찾고 있어 도착 즉시 숙소를 정한 후 목적지로 이동하는 것이 좋다.

근교 명소

도브 코티지 _ 낭만파 시인 워즈워드의 생가와 박물관이 있는 작은 마을. 윈더미어에서 그래스미어까지 버스로 이동한 다음 도보로 갈 수 있다. 윈더미어에서 그래스미어까지는 자동차로 30분, 그래스미어에서 도브 코티지까지는 도보로 10분이 걸린다.

앰블사이드 _ 빅토리아 양식의 건축물이 모여 있는 작은 시골 마을. 여름이면 호숫가에서 야외 음악회가 펼쳐지고 다양한 등반 코스가 매력적인 곳이다. 윈더미어에서 자동차로 20분 정도 걸린다.

코니그턴 워터 _ 윈더미어 호수에 인접한 아름

베아트릭스 포터가 살았던 집에 새겨진 건축 연도.

About Writer

베아트릭스 포터 Beatrix Potter (1868~1944)

런던에서 태어난 베아트릭스 포터는 당시 영국의 상류층 자녀들처럼 가정교사에게 공부를 배웠다. 어려서부터 그림 그리는 것을 좋아한 포터는 토끼, 쥐, 개구리 같은 동물을 벗 삼아 지냈는데 동물을 관찰하고 스케치하는 등 그림 공부에 열중했다.

포터가 그림에 흥미를 가졌던 것은 미술에 조예가 깊었던 아버지의 영향이 컸다. 1893년 옛 가정교사의 어린 아들 노엘이 병으로 눕게 되자, 그를 위로하기 위해 '피터' 라는 이름의 토끼가 등장하는 그림 이야기 편지를 보냈다. 이 한 통의 편지가 바로 《피터 래빗》 시리즈의 시작이 된 셈이다.

포터는 이 원고를 프레드릭 워렌사를 포함한 여러 출판사에 보냈지만 컬러 페이지가 없다는 이유 등으로 거절당했다. 그래서 포터는 자비 출판을 하게 된다. 이렇게 1901년 12월에 《피터 래빗》은 250부를 찍었다. 그러나 눈 깜짝할 사이에 팔려나갔고 200부를 다시 찍게 되었다. 그러던 중 포터는 프레드릭 워렌사와 꾸준히 접촉하여 출판 계약을 성사시켰다. 결국 1902년 10월, 23권 《피터 래빗》 시리즈 중 첫 번째 책인 프레드릭 워렌사판 《피터 래빗》이 세상에 나오게 되었다.

이 책은 세계적으로 엄청난 반응을 얻었다. 윈더미어 지방에서 23권의 《피터 래빗》 시리즈를 펴낸 그녀는 개발에 반대해 평생을 자연 보호 운동에 힘썼다. 또한 500만 평에 이르는 땅과 저택 등 전 재산을 내셔널 트러스트에 기부했다.

다운 마을로 특히 숲과 목조 건물이 유명한 마을. 미술평론가이며 작가였던 존 러스킨의 작품을 볼 수 있는 박물관 등이 있다. 윈더미어에서 버스로 20분.

○ 동화 속 주인공

피터 래빗 _ 장난기 가득한 말썽쟁이 주인공. 맥그리거 씨네 정원에서 매일 소동을 일으킨다.

맥그리거 씨 _ 정원에 들어와 말썽을 피우는 피터를 매번 놓치는 약간은 어리숙한 아저씨.

엄마 토끼 _ 꼬마 토끼들이 사고를 당할까 늘 염려하는 마음 착한 네 꼬마 토끼의 엄마.

플롭시, 몹시, 코튼 테일 _ 피터와 함께 전나무 뿌리 밑 모래 둔덕에서 살고 있는 착한 토끼들.

《피터팬》의 무대 **영국 스코틀랜드 Scotland**

네스 호에서
팅커벨을 불러 내다

피터팬은 웬디의 엄마가 어렸을 때도, 또 할머니가 어렸을 때도 있었기 때문에
지금쯤 할아버지가 되어있어야 할 텐데 소년의 모습 그대로다.
피터팬은 어렸을 때 아빠와 엄마가 하는 말을 들었다.
"이 아이가 자라면 무엇이 될까요? 군인, 아니면 정치가?" 피터는 어른이 되기 싫었다.
그래서 켄징턴 공원의 연못 가운데 있는 섬으로 날아간 것이다. 《피터팬》 중에서

모두 잠든 밤, 웬디의 창가로 누군가 찾아온다. 바로 영원히 어른이 되지 않는 나라 네버랜드에서 온 피터팬. 동화 속 주인공인 줄만 알았던 피터팬을 만난 웬디는 남동생 존, 마이클과 함께 요정 팅커벨의 마법 금가루를 몸에 뿌리고 하늘을 날아 네버랜드로 간다.

환상의 세계에서 온 누군가가 같이 가자며 당신을 유혹한다면? 영

원히 꿈과 희망을 간직한 어린아이로 살 수 있는 방법이 있다면? 이런 마법 같은 일이 눈앞에 펼쳐진다면 당신은 과연 어떤 선택을 할까? 런던과 스코틀랜드에서 제임스 매튜 배리의 동화 《피터팬》의 흔적을 발견하는 순간, 당신은 웬디처럼 하늘을 날아 네버랜드로 떠날 수 있을지도 모른다.

피터팬의 무대가 되었던 곳은 런던과 스코틀랜드 지역이다. 우선 가장 쉽게 갈 수 있는 곳이 런던의 켄징턴 Kensington 공원이다. 정원 가꾸는 것을 즐기는 영국인의 성격 때문일까? 런던은 공원이 많기로 유명하다. 넓고 큰 공원부터 소박한 작은 공원까지 다양한 공원을 살펴보는 것도 런던에 대해 알아 가는 흥미로운 여행이 될 수 있다. 그 중 과거 왕가의 토지였던 곳을 공원으로 가꾸어 놓은 켄징턴 공원을 걷다 보면 여느 공원과는 다른 점을 발견할 수 있다.

리마, 육체의 에너지, 아치 등 거장들의 조각이 공원 곳곳에 있는데, 연못 앞에 이르면 《피터팬》에 등장하는 주요 인물을 조각해 놓은 동상이 보인다. 이 동상은 조각가 조지 프램프턴 George Framptom에 의해 1912년에 탄생한 작품으로, 《피터팬》을 소재로 만들어졌다. 그리고 지금은 많은 사람들이 찾는 명소가 되었다.

3년 전 가족과 함께 켄징턴 공원을 찾았다. 연못을 한 바퀴 둘러본 우리는 피터팬 동상을 천천히 살펴보았다. 피터팬 동상은 언뜻 보면 피터팬이 홀로 피리를 부는 것처럼 보이지만 자세히 살펴보면 동화 속에 등장하는 많은 친구들이 함께 있는 것을 발견할 수 있다.

동상의 가장 높은 곳에서 뿔피리를 연주하는 피터팬의 크기는 70

런던 켄징턴 공원의 연못 앞에는 뿔피리를 불고 있는 피터팬 동상이 서 있다.

센티미터가 됨직하고, 팅커벨과 다른 친구들의 크기는 그보다 작았지만 동상 하나만 자세히 보아도 동화가 연상될 정도로 아주 섬세하게 조각되어 있다.

이아가 열심히 동상 주변을 둘러보는 모양이 무엇인가를 찾고 있는 듯하다. 영어 이름이 웬디인 이아가 웬디를 찾고 있었던 것이다. 바쁘게 움직이는 그 모습에 저절로 웃음이 났다. 드디어 웬디를 발견했는지 이아는 흥분을 감추지 못하고 "우와, 여기 웬디가 있어요."라고 외치더니 폴짝폴짝 뛰며 기뻐했다.

우리는 런던을 떠나 《피터팬》의 주요 무대인 스코틀랜드로 이동했다. 피터팬이 인어를 만나고 네버새의 도움을 받아 후크 선장에게 붙잡힌 아이들을 구출하기 위해 결투를 벌인 곳은 상상의 섬이지만, 작가인 제임스 매튜 배리 James Mattew Barrie의 고향이었던 스코틀랜드의 북쪽에 있는 섬이 배경이 되었을 것으로 추정되고 있다. 작가는 어릴 때부터 살았던 스코틀랜드에 전해 내려오는 괴물과 거인, 요정에 관한 전설이 작품에 많은 영향을 주었다고 밝히기도 했다.

스코틀랜드 주도인 에든버러 도심의 에든버러 대학에 들어서면 왕궁같은 건물 때문에 놀라게 된다. 에든버러 대학은 세계적인 발명가와 정치인, 문학가 등 많은 명사를 배출해 낸 곳으로 유명하다.

제임스 매튜 배리도 이곳에서 학창시절을 보내면서 작가로서의 기반을 마련했으며, 그의 문학 속에 흐르는 전반적인 분위기 또한 스코틀랜드와 에든버러의 자연 풍광의 영향을 많이 받았다.

에든버러에서 꼭 가 봐야 할 곳 중의 하나가 바로 에든버러 대학에

하이랜드 지역 중심 도시인 인버네스의 아름다운 풍경.

서 조금 떨어진 캐넌게이트 거리에 있는 어린이 박물관이다. 1955년 처음 완성될 당시에는 어린이를 위한 전시품보다는 어른들이 좋아할 만한 영화배우, 가수 등의 사진과 앨범이 많았지만 시간이 지나면서 진정한 어린이 박물관이 되었다.

우리 가족도 에든버러 대학을 둘러본 후 이곳을 구경했는데 각국의 동화책과 고전 음악 그리고 미술에 관련된 자료를 많이 볼 수 있었다.

에든버러에서 이틀을 보낸 우리는 스코틀랜드 북쪽 하이랜드 지역의 중심 도시인 인버네스Inverness에 가기 위해 기차에 올랐다. 에든버러에서 출발한 기차가 북쪽으로 향할수록 산은 높아지고 평원은 거칠어졌다. 3시간 20분을 달려 우리는 아담한 인버네스 역에 내렸다.

한여름이었지만 장미꽃으로 단장된 작은 골목길을 지나 도착한 민박집은 동화 속에서나 접할 수 있을 것 같은 그런 집이었다. 제법 넓어 보이는 뒷마당의 정원이 예뻤고, 온통 파스텔 톤으로 꾸며 놓은 방 또한 너무나 마음에 들었다. 이아와 아내는 스케치북을 꺼내 정원을 그리기 시작했다. 모녀가 그림에 열중하는 동안 나는 늘 하던대로 사진기와 몇 롤의 필름을 주머니에 넣고 네스 다리를 건너 브리지 하이 거리로 나섰다.

1992년 처음 온 이후 정확히 9년 만에 다시 찾은 인버네스. 다시 민박집으로 돌아왔을 때까지 모녀는 아름다운 민박집을 그리는데 여념이 없었다. 그 어느 고급호텔보다 더 정성스럽게 꾸며진 민박집에서 하룻밤을 지낸 우리는 주인 부부가 준비해 준 따뜻한 아침을 먹고 네스Ness 호를 보기 위해 길을 나섰다.

R PAN

네스 호와 폐허가 된 성. 전설 속 괴물 네스의 이야기가 잘 어우러져 신비로운 분위기이다.

백파이프를 연주하며 인버네스 거리를 행진하는 시민들.

한 사진가와 한 명의 화가 그리고 사진가 겸 화가를 꿈꾸는 소녀. 우리 가족은 작가 스스로 자신의 작품에 커다란 영향을 미쳤다고 말했던 네스호에 도착했다. 금방이라도 호수에서 전설의 괴물 네스가 나타날 것처럼 을씨년스럽다. 먹구름이 잔뜩 낀 궂은 날씨였지만 네스 호를 찾은 사람들은 제법 많았다.

모녀는 또다시 네스 호와 폐허가 된 성을 그리기 시작했고, 나는 호숫가와 성을 오르내리며 열심히 셔터를 눌렀다. 두 시간 남짓 지났을까. 갑자기 많은 사람들이 떼를 지어 밀려오기 시작했다. 인버네스에서 출발하는 당일 투어에 참가한 사람들이었다. 그들은 가이드의 설명을 들은 후 폐허가 된 성과 호수를 배경으로 사진을 찍더니 되돌아갔다. 다시 고즈넉한 호수로 돌아온 네스 호에는 10여 명의 사람들만이 남아 고요하고 신비로운 풍광을 감상하고 있었다.

전설 속의 네스가 살았다는 호수를 바라보고 있노라니, 작가 제임스 매튜 배리가 《피터팬》의 근원을 전설과 괴물, 호수 그리고 변화무쌍한 스코틀랜드의 풍광에 둔 이유를 어렴풋하게나마 공감할 수 있었다.

아내와 이아는 점심 시간이 다 되어서야 그림을 완성했다. 준비해 온 간단한 점심을 먹고 있는데 갑자기 멋진 타탄 체크 무늬의 킬트를 입은 스코틀랜드 청년이 나타나 백파이프를 연주하기 시작했다. 고요한 네스 호에서 듣는 감미로운 백파이프 연주는 수많은 거리와 광장 그리고 에든버러 축제에서 들었던 연주보다 훨씬 더 감동적이었다.

영원히 자라지 않는 피터팬 그리고 피터팬과 웬디의 안타깝고 사랑스런 로맨스, 요정과 인디언, 인어 그리고 무시무시한 해적들이 살고 있는 환상의 섬 네버랜드. 눈을 감고 연주를 듣노라니 바로 여기가 네버랜드가 아닐까 하는 생각이 들었다.

얼마 전 런던을 방문한 나는 피터팬 동상을 다시 볼 생각으로 켄징턴 공원을 찾았다. 변함없는 피터팬의 모습과 함께, 여전히 일본 여행객들이 북적이고 있었다. 동화에 대한 그들의 끊임없는 애정에 놀라면서 한켠에서는 아쉬운 마음이 들어 발길을 돌렸다. 이아가 커서 다시 이곳을 찾을 때쯤이면 켄징턴 공원에서 우리나라 어린이들의 웃음소리를 들을 수 있을까?

○ 가는 방법

런던 _ 피터팬의 동상이 있는 켄징턴으로 가려면 지하철을 이용하는 것이 가장 편리하다. 하이 스트리트 켄징턴, 퀸즈웨이, 랑커스터 게이트 등을 이용해 갈 수 있다.

에든버러 _ 제임스 매튜 배리가 공부했던 도시로 런던 킹스크로스 역에서 특급기차로 4시간 30분이면 갈 수 있다. 대학과 어린이 박물관은 역에서 걸어서 10분 정도 걸린다.

인버네스 _ 에든버러에서 특급 기차로 3시간 20분, 런던에서는 7시간 50분이 걸린다. 네스 호의 경우 인버네스 코치 정류장에서 버스로 약 1시간 거리에 있으며 호수 출입구 앞에서 버스를 세워준다.

○ 꼭 봐야 할 곳

런던 켄징턴 공원과 피터팬 동상, 에든버러 대학, 어린이 박물관, 작가 박물관, 에든버러 성, 성 가일즈 대성당, 존 낙스 생가, 홀리루드 궁전, 월트 스코트 기념비, 충견 마비의 동상, 국립도서관, 인버네스 성, 인버네스 강, 어딘코트 극장, 네스 호수와 성.

○ 숙박

런던 _ 런던에는 천 여 개의 호텔과 민박집 그리고 유스호스텔에 이르기까지 많은 숙박시설이 있어 숙소 구하기가 어렵지는 않지만 가격이 매우 비싼 편. 최고급 호텔들은 교통이 편리하고 중요 명소에 쉽게 접근할 수 있는 본드 거리와 피카딜리, 메이페어 지역에 많이 있다. 패딩턴 역과 하이드 파크 사이에는 백 여 군데의 중급 호텔이 밀집되어 있고, 저렴한 숙소는 빅토리아 역 주변에 많다.

에든버러 _ 초특급 호텔은 기차역과 케논 거리에 밀집되어 있고 투어리스트 호텔과 저렴한 숙소를 빨리 구하려면 기차역

에 있는 숙소 안내소를 찾는 것이 좋다. 저녁 10시까지 안내를 해 주고 있어 늦게 도착한 경우에도 서비스를 받을 수 있다.

인버네스 _ 런던이나 에든버러에 비교해 저렴한 편이다. welcome-scotland.com

○ 근교 명소

에든버러 근교

세인트 앤드루스 _ 에든버러에서 버스와 기차를 이용하면 1시간 20분 걸리는데 버스가 훨씬 편리하다. 골프의 성지이자 스코틀랜드 최초의 대학을 비롯하여 대성당, 성 등 볼거리가 많다. 골프를 좋아하는 이들이 선호하는 곳이기도 하다.

글래스고 _ 에든버러에서 기차로 50분이면 갈 수 있는 도시로 스코틀랜드 최대의 상업 도시다. 1500년이란 긴 역사를 간직한 글래스고에는 대성당과 대학 등 볼거리가 많으며 특히 오페라와 음악, 연극 등에 관심이 있는 이에게 권할 만하다.

네스 호 _ 인버네스에서 버스로 30분 거리에 있는 전설의 호수로 이 지역 최고의 명소. 호수와 폐허가 된 옛 성이 어우러져 아름답다. 여름 시즌에는 유람선을 타고 아름다운 네스 호와 마을을 둘러보는 투어가 있다.

런던 근교

케임브리지 _ 옥스퍼드와 쌍벽을 이루는 대학 도시로 런던의 킹스크로스 역과 리버풀 스트리트 역에서 직행기차를 타면 1시간 15분 걸린다. 수많은 명문 대학과 전원적인 풍경이 어우러진 낭만적인 도시이다.

브라이턴 _ 런던 빅토리아 역에서 기차로 55분이면 도착하는 영국 최고의 해변 휴양지로, 도시 전체가 카페와 레스토랑, 쇼핑몰로 이루어졌다고 해도 과언이 아니다. 연중 많은 휴양객과 여행

About Writer

제임스 매튜 배리 James Mattew Barrie(1860~1937)

꿈과 상상, 마법의 판타지로 가득 찬 피터팬은 1902년 제임스 매튜 배리의 소설 《작은 흰 새》의 한 챕터에서 처음 소개됐다. 2년 뒤인 1904년, 크리스마스 아동극으로 처음 무대에 오른 피터팬은 관객과 평론가의 극찬과 함께 대성공을 거뒀으며 그 후부터 전 세계에서 공연되고 있다. 작가는 이 연극을 두 편의 동화 《켄싱턴 공원의 피터 팬》(1908)과 《피터와 웬디》(1911)로 새롭게 펴냈다.
제임스 매튜 배리는 스코틀랜드 출신으로 에든버러 대학을 졸업한 후 신문기자가 되었다. 일찍부터 소설을 쓰기 시작했으며 40년 이상의 극작가 생활을 통해 많은 작품을 남겼는데 특히 《친애하는 브루터스》(1917), 《메어리 로즈》(1920) 등이 유명하다. 배리의 작품은 감상적인 눈물과 풍자의 웃음, 때로 환상이 가미된 것이 특징이다.

객으로 붐비므로 런던에 숙소를 정해 놓고 움직이는 것이 좋다.

동화 속 주인공

피터팬 _ 나이를 먹지 않는 동심의 나라 네버랜드에서 아이들과 함께 살고 있다. 자유롭게 하늘을 날고, 하고 싶은 것을 할 수 있는 능력을 가진 순수 소년.

웬디 _ 상상력이 풍부하고 모든 일에 호기심이 많은 소녀.

후크 선장 _ 피터팬과 싸우다가 왼쪽 팔을 잃은 악당으로 호시탐탐 복수의 기회를 엿보고 있다.

팅커벨 _ 웬디와 피터팬의 사이를 질투하는 작은 요정으로 피터팬을 너무 좋아한다.

Chapter 3

이탈리아 콜로디 Collodi

스페인 세고비아 Segovia
라 만차 La Mancha

프랑스 낭트 Nantes

벨기에 안트베르펜 Antwerpen

《피노키오》의 무대 **이탈리아 콜로디 Collodi**

고래 뱃속에 한번 들어가 볼까?

거짓말을 하자마자 피노키오의 코가 쑥쑥 자라났어요.
그렇지 않아도 큰 코가 금세 손가락 두 개만큼 더 길어져 버린 거예요.
그래도 피노키오의 거짓말이 이어지자 코도 계속해서 자라났어요.
이쪽으로 몸을 돌리면 코가 침대에 닿고,
저쪽으로 돌리면 벽이나 문에 코가 닿을 정도로 말이에요.

《피노키오》 중에서

피렌체에서 기차로 1시간 30분, 시골 역이라 사물함도 없는 페스시아 Pescia 역에 도착했다. 트렁크를 카페에 맡기고 다시 버스에 올랐다. 하늘 높은 줄 모르고 쭉쭉 뻗은 미인송이 연신 차창 밖으로 지나쳐 간다.

'과연 이런 곳에 피노키오의 마을이 있을까?' 라는 의심이 들 만한, 여간해서는 찾기 힘들 정도로 작은 마을 콜로디. 이탈리아 르네상스

야외무대에서 피노키오 공연을 감상하고 있는 여행자들.

의 중심지 피렌체와 '피사의 사탑'으로 잘 알려진 피사 사이에 인구 3천여 명의 한적한 콜로디 마을이 있다. 그러나 이탈리아 정부와 콜로디 재단에서 국립 콜로디박물관을 운영할 정도로 피노키오의 가치를 인정하고 있는, 그야말로 세계적인 동화마을이 바로 콜로디다.

이아와 아내는 물론 버스 안의 여행객들이 지루해할 즈음, '우와, 피노키오 마을이다!'라는 탄성이 여기저기서 터져 나온다.

버스에서 내려 피노키오 목각이 즐비한 몇 개의 가게를 지나자 마침내 다리 너머 울창한 숲 사이로 피노키오 공원 Parco di Pinocchio이 보인다. 이곳에서는 피노키오 탄생 100주년이 되던 지난 1981년에 피노키오의 생일잔치가 열리기도 했다.

빨간 옷에 하얀 모자, 긴 코의 피노키오 그림이 그려진 입구 근처에서부터 카랑카랑한 목소리와 아이들의 웃음 소리가 들린다. 여름 시즌, 그것도 주말이니 분명 피노키오 연극을 공연하고 있는 모양이었다. 이아는 아이들의 웃음 소리가 나는 곳으로 막 달리기 시작했다. 우리를 비롯해 각국의 여행객이 많아 이탈리아 말로 하는 인형극에는 호응이 없을 것 같지만 그건 정말 착각이다.

공원 안 나무 그늘 아래 있는 아담한 오두막 속에서 작은 목각 인형을 보면서 흥분하는 사람들은 비단 이탈리아 어린이들만은 아니었다. 백발의 할아버지와 할머니, 아이들과 함께 아시아에서 온 젊은 배낭 여행객들까지 나이와 국적을 떠나 인형의 움직임 하나하나에 슬퍼하고 또 웃음을 터뜨린다. 이런 광경은 그야말로 백 년의 세월에도 변함없는 동화의 위대함을 느끼게 해준다.

이탈리아 말로 동화 이야기를 들려주는 1인 인형극이었지만 피노키오 인형이 움직이면 모든 이들이 따라 움직인다. 이아도 "아빠, 나는 이탈리아 말도 모르는데, 너무 재미있어."라며 즐거워한다.

인형극은 박수와 함께 막을 내리고 피노키오는 물론 제페토 할아버지와 여우, 고양이, 고래 등 등장하는 모든 인물을 혼자 소화해 낸 공연자가 나와 기념 촬영도 하고 아이들이 던지는 질문에 자상하게 답변을 해 준다.

인형극의 무대인 야외 극장을 지나면 방금 전 인형극에 등장했던 많은 동물의 모습이 모자이크되어 있는 넓은 광장이 나온다. 광장을 지나면 피노키오의 집과 수십 개의 조각상, 조형물이 호기심을 끈다. 피노키오의 여러 동상을 중심으로 꾸며 놓은 이 공간에서 사람들에게 가장 많은 사랑을 받는 곳은 역시 피노키오 집과 실제보다 더 크게 만들어 놓은 고래 그리고 동화에 등장하는 범선이다.

동화에서 제페토 할아버지를 구하기 위해 피노키오가 들어갔던 고래 뱃속을 직접 들어가 볼 수 있도록 만들어 놓았고, 범선은 사람이 움직일 때마다 흔들리도록 되어 있어 아이들에게 인기가 대단했다.

조각이나 장식품을 직접 만져볼 수도 있고, 피노키오가 되어 직접 동화 속의 주인공이 되어 볼 수 있도록 꾸며 놓은, 그야말로 동화를 몸으로 체험할 수 있는 꿈의 공간이었다. 피노키오 공원을 둘러 본 후 10분 거리에 있는 박물관으로 향했다.

이탈리아 정부와 콜로디 재단에서 공동으로 운영하는 국립 콜로디 박물관은 지구촌 유일의 국립 동화박물관이다. 박물관에는 콜로디의

OCAPINOCCHIO
GENESI DEI

공원에서 바라본 피노키오 동상과 콜로디 마을의 전경

콜로디박물관에는 세계 68개 언어로 번역된 1200여 점에 이르는 《피노키오》 동화책이 전시되어 있다.

여러 언어로 번역 출간된 《피노키오》와 앙증맞은 피노키오 캐릭터.

오리지널 원고를 비롯하여 가족 사진과 68개 언어로 번역된 1200여 점에 이르는 피노키오의 동화책이 전시되어 있다. 박물관을 둘러보다 낮에 1인 다역으로 인형극을 보여 주었던 이사벨레 씨를 만났다. 그녀는 재단 직원이었는데, 피노키오를 만나러 동양에서 여기까지 찾아온 우리를 반가워하며 피노키오와 작가인 콜로디에 대한 여러 가지 이야기를 들려주었다.

이탈리아 어린이들에게 《피노키오》 중 어떤 부분이 가장 재미있냐는 설문 조사를 한 적이 있는데, 피노키오가 인간으로 환생하는 부분보다는 의외로 거짓말 때문에 길어진 코를 참새들이 쪼아 먹는 장면을 더 많이 꼽았다고 한다.

동화 《피노키오》는 다시 착한 아이로 돌아가는 피노키오에 초점을 맞추고 있지만, 지구촌 아이들은 고집쟁이에 말썽꾸러기 피노키오를 더 좋아하고 사랑한다는 것을 보여 준 것이라며 웃어보였다.

작가인 콜로디는 요리사와 하인의 아들로 태어났고, 어린 시절 교실이 아닌 피렌체 거리에서 거칠고 험난한 생활을 했다. 하지만 당시 가난했던 이탈리아 어린이들에게 꿈과 용기를 주었고, 오늘날 지구촌 아이들의 모습을 미리 보여 준 동화의 선각자라는 평가를 받는다는 이야기도 들려주었다.

콜로디 마을의 상점들은 물론 피노키오를 상업적으로 활용하고 있는 공간이지만, 마을 구석구석에 있는 피노키오와 관련된 동상과 그림은 콜로디 주민들이 피노키오를 얼마나 소중하게 생각하고 있는지 잘 보여 준다는 것이다.

피노키오 공원의 초대형 벽화와 모자이크 작품은 콜로디 재단과 정부에서 지원한 것도 있지만 대부분은 주민들의 성금으로 만들어졌으며, 직접 제작에 참여한 주민들도 많다.

또한 콜로디 마을의 주요 거리와 골목 이름을 《피노키오》에 등장하는 인물이나 동물에게서 따올 정도로 콜로디 사람들의 피노키오 사랑은 대단하다. 세계에서 성경과 코란 다음으로 많이 읽혀진 책, 《피노키오》. 이탈리아의 작은 마을 콜로디의 피노키오는 백 년 전 천진난만한 모습 그대로 살아가고 있었다.

어려웠던 어린 시절 어머니의 고향인 콜로디 마을에서의 기억을 평생 소중하게 간직해 필명까지 '콜로디'로 삼은 카를로 콜로디가 쉰 일곱이란 적지 않은 나이에 쓰기 시작했다는 《피노키오》.

'동화는 역시 마음으로 읽는 것' 이라는 어느 동화 작가의 말처럼 콜로디는 그렇게 인생이 저물어가는 나이에 마음의 한 페이지를 넘기고 있었던 것이다.

가는 방법

콜로디는 작은 마을로 피렌체와 피사를 경유해야 한다. 자동차로는 어느 방향에서 가도 약 1시간 30분이 걸리고 대중 교통을 이용하는 경우는 피렌체에서 페스시아까지 가서 버스를 타야 한다.

꼭 봐야 할 곳

피노키오 공원, 피노키오 야외극(5월부터 9월까지 매주 일요일 두 차례씩 공연), 동화에 등장하는 주인공을 형상화시켜 놓은 동상들, 피노키오 공원에 붙어 있는 전시장, 마을에 있는 국립 콜로디박물관, 콜로디가 살았던 집, 고풍스러운 분위기를 연출하고 있는 수도원 겸 성당, 피노키오 공원 건너편에 있는 정원, 콜로디와 토스카나 지방의 아름다운 풍경을 볼 수 있는 언덕길.

숙박

콜로디에는 작은 호텔만 있을 뿐 큰 호텔은 없다. 엠포리라는 인근 도시에 숙소를 정하거나 도착하는 즉시 숙소를 구해야 한다. 물론 피사와 피렌체에서 숙박하면서 당일 여행도 가능하다.
www.enit.it

근교 명소

피렌체 _ 이탈리아 르네상스의 중심지인 피렌체에서 콜로디까지는 기차와 버스를 이용하면 약

《피노키오》에 관한 자료가 전시되어 있는 국립 콜로디박물관.

About Writer

콜로디 Collodi (1826~1890)

작가의 이름과 동화마을의 지명이 '콜로디'로 똑같다. 《피노키오》의 원제는 《피노키오의 모험Le adventure di Pinocchio》으로 1883년 이탈리아의 작가 카를로 콜로디에 의해 쓰여졌다. 피노키오 이야기는 1880년 어린이 잡지에 게재했는데 연재 횟수를 연장할 정도로 인기가 높아지자 1883년 책으로 출판하게 되었다. 본명이 카를로 로렌치니였던 작가는 그 책의 마지막에 '콜로디'란 필명으로 서명했고, 이후 콜로디라는 이름으로 알려지게 되었다. '콜로디'는 그의 어머니 안지올리나의 고향이며 그가 어린 시절을 보낸 추억의 마을이다. 과연 거짓말을 하면 피노키오처럼 코가 길어질까? 답은 그럴 수도 있다는 것이다. 빌 클린턴 전 미국 대통령은 백악관 스캔들과 관련해서 르윈스키와의 관계를 말할 때는 평균 4분에 한 번 꼴로 코를 매만졌다. 당시 언론에서는 이를 '피노키오 신드롬'이라 불렀다. 한편 과학자들은 거짓말을 할 때 콧속 혈관으로 피가 몰려 간지러움을 느끼기 때문에 코를 만지거나 문질러 간지러움에서 벗어나려는 행동으로 해석하기도 한다.

2시간이 걸리기 때문에 피렌체에 숙소를 정하고 콜로디를 관람해도 좋다. 피렌체에는 며칠을 둘러보아야 할 정도로 명소가 즐비하다.

피사 _ 사탑으로 유명한 피사까지는 콜로디에서 약 2시간이 걸린다. 피사 역시 유명한 관광지로 볼거리가 많지만 그중 가장 유명한 것은 역시 사탑.

여행하기 좋은 시기

인형극을 볼 수 있는 6월부터 8월까지가 가장 좋고, 신록이 시작되는 3월도 좋다.

동화 속 주인공

피노키오 _ 말썽꾸러기 나무 인형. 호기심이 아주 많으며 다른 사람을 쉽게 믿고 따른다. 여러 일을 겪은 뒤 진짜 사람이 된다.

제페토 할아버지 _ 피노키오를 만든 착한 목수 할아버지. 사라진 피노키오를 찾으러 다니다 상어 뱃속에 갇히기도 한다.

《백설공주》의 무대 **스페인 세고비아 Segovia**

거울아 거울아, 유럽에서 어디가 제일 아름답지?

> 왕비는 거울에게 물었다. "거울아 거울아 이 세상에서 누가 가장 아름답지?"
> 거울이 대답했다. "왕비님, 제가 보는 사람들 중에서는 왕비님이 가장 아름다우시지만 일곱 난쟁이가 사는 숲 속에 이 세상에서 가장 아름다운 백설공주가 살고 있답니다."
> 화가 난 왕비는 아무도 모르게 독이 든 빨간 사과를 가지고 백설공주를 찾아갔다.
>
> 《백설공주》 중에서

유서 깊은 스페인의 고도 세고비아Segovia에는 볼거리가 너무 많아 늘 나를 조급하게 만든다. 지금 당장 스페인으로 날아갈 수 있다면 나는 분명 또다시 세고비아로 향할 것이다. 지구촌을 총망라하여 인류 문화유산이 가장 많은 나라 스페인에는 흥미로운 도시가 즐비하다. 스페인의 여러 도시 중에서도 많은 사람들이 세고비아에 가 보고 싶어하는 것은 바로 《백설공주》의 무대이기 때문이다.

로마 건축물의 걸작으로 꼽히는 수도교, 위풍당당하게 서 있는 대성당과 고즈넉한 향취를 느낄 수 있는 크고 작은 광장, 다양한 양식의 성당에 이르기까지 주요 명소만 꼽아도 열 손가락이 훌쩍 넘어 가는 세고비아. 하지만 사람들이 세고비아에 도착하는 즉시 달려가는 곳은 도시 끝자락에 위치한 '알카사르' 이다.

지구촌에 남아있는 성 가운데 가장 아름답다는 알카사르 Alcazar 는 바로 백설공주의 무대이자 전 세계 어린이들이 꿈꾸는 공간, 디즈니랜드를 상징하는 아름다운 성의 모델이다.

'백설공주 성' 으로도 불리는 알카사르는 원래 적의 침략에 대비하여 만든 요새였으나 14세기 이후 이 요새의 매력에 빠진 왕들이 증축과 개축을 계속한 덕에 오늘날의 모습을 갖추게 되었다.

알카사르의 자랑거리 가운데 으뜸은 바라보는 위치에 따라 전혀 다른 매력이 있다는 사실이다. 동서남북은 물론이고 같은 방향에서 바라보아도 시간과 날씨에 따라 다른 분위기를 연출하는데 몇 번을 보아도 늘 새로운 느낌을 준다. 그중에서도 서쪽 언덕 위에서 바라본 풍광이 가장 신비로웠는데, 특히 아침 햇살을 받아 빛나는 모습과 해가 서산으로 막 넘어갈 무렵에 바라본 모습은 정말 환상적이었다.

이와 더불어 빼놓을 수 없는 알카사르의 매력은 다양한 그림과 동화를 주제로 꾸며놓은 내부 공간이다. 어림잡아 수백 점은 되어 보이는 그림은 한결같이 당대 최고의 화가들이 그린 종교화다. '성화' 라고 하면 딱딱한 그림을 연상하기 마련이지만 이 성에 장식된 그림들

백설공주가 살고 있을 것만 같은 알카사르에는 중세시대의 물건들이 전시되어 있다.

스페인에서 가장 아름다운 성당으로 알려진 세고비아 대성당의 모습이 환상적이다.

유네스코 세계 문화유산으로 등록된 세고비아 수도교. 2000년 전에 만들어진 것이 지금도 보존되고 있다.

은 하나같이 편안한 느낌을 준다.

알카사르는 수십 개의 공간으로 나뉘어져 있는데, 왕과 왕족들이 사용하던 침실을 비롯한 생활 공간이 대부분 공개되어 있었다. 또 '백설공주 성' 으로 알려진 장소답게 성 내부에는 동화와 관련된 중세시대의 물건이 많이 전시되어 있었다.

백설공주가 사용했을 법한 예쁜 침대와 가구 그리고 중세 왕자와 기사들이 사용했던 투구와 무기를 비롯하여 적의 공격으로부터 말을 보호하기 위한 갑옷 등 다양한 물건이 눈길을 끈다.

알카사르를 찾았다면 세고비아의 풍경을 감상할 수 있는 테라스에 올라가 보자. 성의 가장 높은 곳에 있는 테라스에는 가능하면 성의 개방 시간을 기다렸다가 곧장 올라가는 것이 좋다. 아침 시간에 테라스에 오르면 세고비아의 아름다움을 더 깊게 느낄 수 있기 때문이다.

길을 따라 늘어선 골목, 이른 아침부터 지붕과 골목을 옮겨다니는 고양이, 광장에서 자판을 준비하는 상인 그리고 빛나는 햇살을 한아름 안고 있는 수도교가 어우러져 만들어 내는 눈부신 풍광! 그 아름다움을 어찌 말로 다 표현할 수 있을까.

백설공주는 아주 오래 전부터 구전되어 온 동화라 그 무대가 정확히 어디인지 알 수 없다. 독일 괴팅겐 근처의 숲과 작은 성이라는 이야기도 있고 북유럽이라고 주장하는 학자도 있으나 동화를 연구하는 많은 학자와 동화를 사랑하는 사람들은 세고비아의 알카사르를 백설공주의 무대로 인정하고 있다.

세고비아라는 도시가 세상에 알려진 것은 지금으로부터 약 2000년 전. 당시 스페인을 점령한 로마인들은 멋진 산과 들판이 있는 세고비아에 살기 시작하면서 로마와 같은 여러 편의시설을 건설하기 시작했다. 도시 입구에 개선문을 세우고 중심에 해당하는 광장에는 로마 영웅들의 동상과 건축물도 만들었다. 하지만 고원지대인 이 도시는 아름다운 풍경과 좋은 기후 조건을 갖추고 있음에도 불구하고 생활에 필수적인 물이 부족했다.

그래서 로마인들은 수 킬로미터에 이르는 계곡에서 깨끗한 물을 도시까지 운반하기 위하여 엄청난 인력을 투입했고 마침내 100년이란 긴 시간을 들여 수도교를 완성해 냈다.

로마시대의 수도교Aqueducto Romano와 수로는 유럽과 아프리카, 중동 지역에 수백 곳 남아있지만 그중 가장 완벽한 상태를 유지하고 있는 곳이 바로 세고비아 수도교다. 처음 건축할 당시에는 수 킬로미터에 이르렀지만 세월이 지나면서 대부분 파손되거나 건축의 재료로 사용되어 현재 남아 있는 구간은 738미터 정도다. 지형과 경사에 따라 수로의 높이는 조금 차이가 있는데 가장 높은 곳은 28미터에 이르고 낮은 곳도 4, 5미터나 된다.

세고비아 수도교는 현대의 기술로 볼 때에도 놀라운 점이 많다. 그중 가장 대표적인 것이 일정한 속도로 물이 흐르도록 만든 수로의 경사로다. 더 놀라운 것은 2000년 전에 건축한 수로를 현대적인 수도 시설이 만들어지기 전까지 사용했다는 사실이다. 그래서 유네스코에서 인류가 보존해야 할 중요한 문화유산으로 지정하여 관리하고 있다.

세고비아에는 로마의 유적이나 '백설공주 성' 외에도 스페인에서

알카사르 안에 장식되어 있는 성화.

가장 큰 성당 중 하나인 카테드랄 Catedral이라고 불리는 대성당이 있다. 일명 '귀부인' 이란 애칭을 갖고 있는 대성당은 첨탑 높이만도 88미터에 이른다.

처음 건설 당시에는 그 높이가 100미터에 이르렀지만 1614년에 벼락을 맞아 12미터가 무너져 현재는 88미터만 남아 있다. 또 돔의 길이가 33미터, 복도의 길이가 105미터나 되는 스페인 최고의 고딕 성당으로 꼽힌다. 세고비아에는 이외에도 12세기 초에 건축한 산 미얀 San millan 교회와 산 에스테반 San esteban 교회 등 흥미로운 교회와 수도원이 즐비하다.

눈처럼 하얀 피부, 피처럼 빨간 입술, 숯처럼 까만 머리를 가진 아름다운 백설공주를 만나기 위해 세고비아에 또다시 갈 때는 '우리집 꼬마 백설공주' 이아와 함께하는 여행이 될 것 같다. 이아에게 꼭 백설공주의 성을 보여주기로 약속했으니 말이다.

가는 방법

세고비아에 가려면 기차를 이용하는 것이 가장 빠르고 편리하다. 주변의 작은 마을이나 도시를 둘러보려면 렌터카를 이용하는 것이 좋다. 세고비아 행 기차는 마드리드 아토차와 차마르틴 역에서 탈 수 있다. 2시간 10분이 걸리고, 운행 간격은 1~2시간으로 매일 10~12회 정도 운행된다.

꼭 봐야 할 곳

알카사르 내부에 있는 다양한 자료, 대성당, 수도교, 회랑이 아름다운 산 미얀 교회, 새끼 돼지 요리 전문 레스토랑, 대성당 앞에 있는 카페와 토산품 가게.

숙박

세계적인 문화도시인 세고비아에는 다양한 숙박 시설이 있다. 가장 빠르고 저렴하게 숙소를 구하려면 수도교 바로 옆에 위치한 관광안내소에서 제공하는 정보를 이용하거나 예약을 부탁하는 것이 최고다. 마드리드에 숙소를 정해 놓고 당일 투어도 할 수 있다.

근교 명소

아빌라 _ 세고비아에서 버스로 40분 거리에 있는 아름다운 성곽 도시. 고도 아빌라의 구시가는 유네스코 세계 문화유산으로 지정되어 있다. 특히 산타 테레사 수도원, 대성당, 웅장한 성벽과

스페인의 고도 세고비아의 거리에서는 다양한 토산품을 만날 수 있다.

About Book

백설공주 *Little Snow-White*

《백설공주》는 세계적으로 가장 많이 알려진 구전 동화 중의 하나다. 수세기 동안 전 유럽에서 다양한 언어로 구연되어 왔고 또 유럽에서 다른 대륙으로 퍼져나갔다. 오랫동안 《백설공주》라는 제목으로 전해 내려왔지만 요즘에는 《백설공주와 일곱 난쟁이》라는 제목으로도 발간되고 있다.
입에서 입으로 전해 온 동화 백설공주는 그림 형제에 의해 새롭게 정립되었지만 나라마다 각기 다른 설정을 가지기도 한다. 예를 들어 이탈리아의 백설공주는 '눈처럼 흰 피부' 대신 '우윳빛 피부'로 바뀌었는데 이탈리아 지방에서 눈은 매우 드물기 때문이다. 하얀 대리석, 하얀 치즈 등으로 표현되는 동화도 있다. 백설공주의 무대로 알려진 곳으로는 세고비아 외에도 그림 형제가 젊은 시절 교수 생활을 했던 중부 독일의 대학 도시 괴팅겐이 있다. 여름이 되면 괴팅겐의 숲 속에서는 백설공주를 주제로 한 공연이 펼쳐진다.

그 위를 따라 연결된 도보 코스가 멋지다.
라 그란하 _ 세고비아에서 버스로 15분 거리에 위치한 아담한 고장으로 18세기 때 완성한 왕궁이 볼 만하다. 아담한 규모를 자랑하는 왕궁에는 16세기 플랑드르 지방의 화가들이 그린 성화와 정원, 왕립 유리 공장 등 흥미로운 볼거리가 즐비하다.
마드리드 _ 스페인 최고의 도시로 도시 전체가 박물관 같은 곳. 반드시 보아야 할 곳으로는 마요르 광장, 왕궁, 프라도 미술관, 국립 고고학 박물관 등이 있다.

동화 속 주인공

백설공주 _ 너무 예쁜 죄로 새어머니인 왕비에게 미움을 사 죽을 위기에 여러 번 처한다. 결국엔 왕자와 결혼하여 행복해진다.
왕비 _ 자신보다 더 예쁜 백설공주를 죽이기 위해 갖은 수를 쓰지만 결국 실패한다.
일곱난쟁이 _ 쫓겨난 백설공주와 같이 살게 되며 독이 든 사과를 먹고 백설공주가 죽은 줄 알고 슬퍼한다.

《돈 키호테》의 무대 **스페인 라 만차 La Mancha**

하얀 풍차는 돈 키호테와의 결투를 기억하고 있을까?

"나는 진정한 기사가 아니다. 아직 기사 서임식을 받지 못했어."
여관을 성으로 착각한 채 밤을 새운 돈 키호테는 동이 트자 무기를 갖추고 무릎을 꿇었다.
돈 키호테와 맨 처음 마주친 여관 주인은 웃음을 참으며 기사 서임식을 거행했다.
돈 키호테는 무척 엄숙한 기분이 들었다. 드디어 진짜 기사가 된 것이다.

《돈 키호테》 중에서

모험과 도전 그리고 열정이 가득한 나라, 스페인을 얘기할 때 빼놓을 수 없는 것이 세 가지 있다. 바로 투우와 플라멩코 그리고 《돈 키호테》의 작가 세르반테스다. 투우는 오래전부터 그 잔혹성 때문에 비난을 받고 있지만, 스페인에서는 그리 중요한 일이 아닌 것처럼 보인다. 스페인 신문들은 투우 기사를 스포츠 면이 아닌 문화 면에서 다룬다. 스페인 사람들에게 투우는 단순한 놀이가 아닌 하나의 철학이자 문화이기 때문이다. 그리고 스페인 남부 안달루시아 집시들의 춤에서 시작된 플라멩코는 '몸이 악기 그 자체' 라는 스페인식 열정의 표현 방식이다.

마지막, 세계적인 대문호 세르반테스. 그는 스페인 사람들이 사랑하는 '국민 작가' 다. 그의 대표작 《돈 키호테》는 '진정으로 인간을 그린 최초의 소설' 이라는 격찬을 받기도 했다. 우리나라에는 1915년 최남선의 번역으로 잡지 '청춘(青春)' 에 '돈기호 전기(頓基浩 傳奇)' 라는 이름으로 소개되었다고 하니 그 이름이 참 친근하기도 하다.

'돈 키호테' 와 '돈기호 씨' 를 떠올리며 웃음을 짓고 있는데 기차가 아토차 역에 도착했다. 아토차는 《돈 키호테》의 무대인 라 만차 La Mancha로 가는 길목이다. 라 만차는 스페인 중남부 해발 고도 680~710미터의 고원지대이며 '라 만차' 라는 지명은 '고원' 을 뜻하는 아랍어에서 유래했다.

돈 키호테가 모험을 벌인 지역으로 알려지면서 유명해진 라 만차, 이곳에서 돈 키호테를 만나는 것은 그리 어려운 일이 아니다. 우선 캄포 데 크리프타나 Campo de Criptana를 찾아가기로 했다. 끝없이 펼쳐진 들판 저멀리 나지막한 구릉과 하얀 풍차가 차창을 스치고 지나간다. 바람이라도 불면 온통 황토색으로 변해버릴 것 같은 라 만차의 풍경은 '나홀로 여행객' 의 눈을 심심치 않도록 채워주기에 충분하다.

기차가 멈춰선 곳은 캄포 데 크리프타나. 마을을 표시하는 푯말은 커녕 역무원조차 보이지 않는다. 다만 서부 영화에서나 나올법한 바늘이 멈춘 커다란 시계만이 멀뚱멀뚱 이방인을 맞이할 뿐이다. 조금

돈 키호테의 배경이 된 캄포 데 크리프타나 마을 곳곳에서 볼 수 있는 돈 키호테 동상.

황당하다. 초록색과 파란색 대문이 늘어선 골목을 지나자 우스꽝스러운 포즈의 돈 키호테 동상이 여행객을 맞는다. 그런데 동상 가슴에 구멍이 뚫려 있다. 하긴 돈 키호테의 황당한 발상과 엉뚱한 상상력을 생각하면 오히려 재미있게 느껴진다.

지구촌에 수많은 동상이 있지만 이곳에 서 있는 돈 키호테 동상만큼 우스꽝스러운 모습을 찾기란 쉽지 않을 거라는 생각을 하면서 풍차를 향해 돌진하듯 골목을 빠져나갔다. 400년 전 돈 키호테의 상대가 되었던 풍차는 긴 세월을 비웃기라도 하듯 의연한 모습으로 서 있었다.

'중세 과학의 백미' 로 불리는 풍차는 자원이라고는 바람뿐인 라 만차 지방의 열악한 환경을 극복하기 위해 만들어졌다. 덩치도 어마어마해서 높이가 10여 미터에 이르고 둘레도 40미터는 되어 보인다. 돈 키호테는 풍차를 2레구아(1레구아는 5.727미터)나 되는 긴 팔을 가진 거인으로 생각했는데 멀리서 보니 하얀 거인들로 착각할 만도 하다.

풍차 내부로 들어서면 색다른 모습에 놀라게 된다. 네덜란드와 덴마크, 스웨덴의 풍차보다 훨씬 크고 내부가 돈 키호테의 심장에 뚫려 있는 구멍처럼 텅 비어 있기 때문이다. 서너 개 층으로 이루어진 풍차는 각 층마다 용도가 명확하게 구분되어 있다.

1층에는 곡물을 저장하는 공간과 숙소가, 중간층에 해당되는 2~3층은 곡물을 빻는 기계가, 가장 높은 곳에는 멋진 경치를 볼 수 있는 창문이 있다. 풍차하면 그저 바람이 부는 대로 돌아가는 낭만적인 것으로 생각되지만 알고 보면 꽤나 현실적인 공장이다. 처음 풍차를 운행하거나 작업을 마칠 때는 물론 작업 중에도 인위적으로 속도를 조

절할 수 있도록 되어 있다.

그러나 역시 여행객의 관심은 '풍경 담기' 다. 작은 창문을 통해서 내려다본 마을은 기차역에서 보았던 모습과는 전혀 다르다. 화려하지는 않지만 저마다 독특한 모양새를 띠고 있는 집과 광활한 평원에 드문드문 풍차가 보이는 풍경이 여유롭다.

아르가마시 데 알바, 알카사르 데 산 후안 등 라 만차의 어느 지역을 방문해도《돈 키호테》의 흔적을 느낄 수 있지만 역시 캄포 데 크리프타나가 그중 최고다. 마을 곳곳에 돈 키호테의 동상이 서 있고 돈 키호테에 등장하는 인물과 물건을 공예품으로 만들어 판매하는 상점 또한 즐비하다.

또하나 캄포 데 크리프타나에 갔다면 카페에 들러 보자. 캄포 데 크리프타나가《돈 키호테》의 마을임을 직접 확인할 수 있는 곳이 바로 카페다. 분위기는 천차만별이지만 어느 카페에서도 돈 키호테에 관련된 조각이나 그림 같은 장식품을 흔히 볼 수 있기 때문이다.

《돈 키호테》로 잘 알려진 마을인 만큼 장인들이 만들어내는 물건은 돈 키호테가 사막을 달리면서 쓰던 소가죽 물통, 칼, 투구와 풍차 같은 것들이 많다. 400년 전 돈 키호테 이야기는 수세기가 지난 지금도 캄포 데 크리프타나 언덕의 풍차에 남아 라 만차 골목골목 상점과 카페를 찾는 여행자에게 그 옛날의 이야기를 전해 주고 있었다.

캄포 데 크리프타나 역에 정차한 네 칸짜리 기차에 몸을 의지하고 척박하게 느껴지는 광활한 들판을 얼마쯤 달렸을까. 하늘 높은 줄 모르고 우뚝 솟아 있는 마드리드의 고층빌딩이 저멀리 보인다.

스페인의 수도 마드리드는 400년이 넘도록 스페인의 중심 역할을 한 도시답게 멋진 곳이다. 마요르 광장, 푸에르타 델 솔 그리고 프라도 미술관과 국립박물관 등 여행객의 마음을 사로잡는 여러 명소를 뒤로 하고 세르반테스를 만나기 위해 스페인 광장으로 갔다. 멋진 왕궁을 배경으로 하고 있는 스페인 광장에는 세르반테스의 서거 300주년을 기념하여 1930년에 건립된 기념비가 있다.

세르반테스가 높이 앉아 내려다보고 있는 아래에는 날씬한 돈 키호테와 뚱뚱한 산초 동상이 있다. 그 옛날 세르반테스는 상상도 못했을 초고층 빌딩을 배경으로 말이다.

스페인 속의 색다른 마을, 돈 키호테와 산초가 누비던 모험의 무대, 라 만차. 늘 도전과 환상, 이상을 향해 돌진하는 여행자에게 운명적인 이정표가 되기에 충분하다. 실패를 두려워하지 않는 진정한 기사, 돈 키호테가 풍차 군단 앞에서 산초에게 남긴 말처럼 말이다.

"확실히 자네는 모험이라는 것에 경험이 부족하군 그래! 운명은 바야흐로 예상했던 것보다 더 좋은 방향으로 우리를 인도하고 있어."

동화마을 가는 길

○ 가는 방법

마드리드 아토차 역에서 출발하는 아바세테 행 기차를 이용하면 캄포 데 크리프타나까지 1시간 25분이면 갈 수 있다. 자동차로는 1시간 30분 정도 걸린다.

○ 꼭 봐야 할 곳

마을 언덕 위에 있는 16세기 풍차, 돈 키호테 동상, 풍차 주변에 있는 카페, 토산품 가게.

○ 숙박

캄포 데 크리프타나는 작은 마을로 숙박 시설이 충분하지 않다. 마을에 호텔이 다섯 개 정도가 있으나 규모가 작다. 다양한 호텔이 있는 인근 마을 알카사르 데 산 후안의 숙박 시설을 이용하는 것도 하나의 방법이다.

○ 근교 명소

엘 토보소 _ 돈 키호테가 사랑했던 둘시네아 공주의 흔적이 남아 있는 작은 마을로 캄포 데 크리프타나에서 버스와 승용차를 이용하여 15분이면 갈 수 있다.
규모는 작지만 풍차와 정겨움이 넘치는 집 등이 볼만하다.

알카사르 데 산 후안 _ 캄포 데 크리프타나에서 마드리드 방향으로 기차와 버스를 이용하여 10~20분이면 갈 수 있다. 3개의 풍차와 돈 키호테 상이 있으며 마드리드와 발렌시아 등으로 가는 기차와 장거리 버스가 있는 교통의 요충지다.
특히 역 주변에 다양한 숙박 시설이 있어 이 곳에 숙소를 정해 두고 주변 마을을 둘러보면 좋다.

아란후에스 _ 왕가의 휴양지로 잘 알려진 이 곳은 스페인에서 보기 드물게 숲과 물이 풍부한 곳으로 왕궁과 부속 정원, 그림처럼 예쁜 갤러리 등 볼거리가 많다. 캄포 데 크리프타나에서 마드리드 행 기차를 이용하면 40분, 버스는 1시간이 걸린다.

톨레도 _ 스페인 최고의 관광 명소 가운데 한 곳으로, 대성당을 중심으로 엘 그레코의 집과 산타 클로스 미술관 등 볼거리가 많은 고도이다. 아란후에스에서 가는 기차와 버스가 있으며, 캄포 데 크리프타나에서 가려면 아란후에스에서 기차와 버스를 바꿔 타고 가는 번거로움이 있어 아란후에스를 함께 들르는 것이 좋다.

About Writer

세르반테스 Cervantes (1547~1616)

스페인의 소설가이자 극작가이며 시인인 세르반테스는 1547년에 스페인 알칼라데에나레스에서 가난한 외과 의사의 아들로 태어났다. 학교 교육을 거의 받은 적이 없는 이 작가는 《돈 키호테》로 국가와 세대를 불문하고 사랑을 받고 있다. 《돈 키호테》의 원제는 《재기 발랄한 향사(鄕士) 돈 키호테 데 라 만차 El Ingenioso Hidalgo Don Quixote de La Mancha》. 전편은 1605년, 후편은 1615년에 출판되었다. 세르반테스는 당시에 크게 유행했던 기사도 이야기의 권위와 인기를 타파하기 위해서 돈 키호테 이야기를 썼다고 한다.

세르반테스는 돈 키호테 2부에서 "내 책은 대성공을 거두었다. 모든 이가 《돈 키호테》를 읽고 있으며, 머지 않아 모든 나라에서 번역될 것이다."라고 했다. 이와 관련해 전해지는 일화가 있다. 어느 날 스페인 국왕 펠리페 3세가 발코니에서 거리를 바라보다가 한 어린이가 책을 읽는 모습을 발견했다. 그런데 그 어린이는 책을 읽는 도중에 이따금 큰소리로 웃음을 터뜨렸다. 그 광경을 보고 "저 어린이는 미쳤거나 아니면 돈 키호테의 모험담을 읽고 있겠지."라고 말했다고 한다. 국왕의 상상은 틀리지 않았다.

그 어린이는 바로 돈 키호테의 모험담을 읽고 있었던 것이다. 세르반테스는 자신의 말대로 이미 3세기 전에 스페인 어린이들의 마음을 강하게 사로잡았고 지금은 전 세계 어린이를 자신의 애독자로 만들었다.

○ 여행하기 좋은 시기

스페인 여행, 특히 라 만차 지역은 한 여름을 제외하고는 언제 가도 좋지만 4~5월이 가장 좋다.

○ 동화 속 주인공

돈 키호테 _ 날쌔고 용맹하다는 뜻의 로시난테라고 이름 붙인 말을 타고 둘시네아라는 여인을 찾아 길을 나선다. 가혹한 패배에도 용기를 잃지 않고 모험을 계속한다.

산초 _ 약간 모자란 듯 하지만 자신의 주인인 돈 키호테를 끝까지 보필하는데 힘쓰는 충실한 시종. 돈 키호테의 무모하고 저돌적인 행동을 막는데 일조한다.

Jeu de société 'Le Tour du monde en 80 jours'
Les Jeux et jouets français, 1875 environ
CHICAGO
A NEW YORK
DE NEW-YORK
LE CAPITAINE SPEEDY
OCÉAN GLACIAL DU NORD
SIBÉRIE
AMÉRIQUE

20세기 탐험가들의 '마음의 고향'

"나는 80일, 그러니까 1920시간, 다시 말해 11만 5200분 안에 세계 일주를 할 수 있다는 쪽에 2만 파운드 걸겠습니다. 오늘이 10월 2일 수요일이니까, 지금 우리가 있는 런던의 개혁 클럽 살롱에 12월 21일 토요일 저녁 8시 45분까지 돌아오면 되겠지요? 그렇지 못할 경우 제 돈 2만 파운드는 여러분 것이 됩니다."

《80일간의 세계 일주》 중에서

차창 밖으로 멋진 풍경이 잡힐 듯 다가왔다가 사라지기를 계속한다. 언덕이랄까 동산이랄까, 낮은 구릉들이 그려내는 아름다운 곡선과 여러 샛강과 숲이 만들어 내는 풍경은 실로 '프랑스적' 이라는 표현이 꼭 맞아 떨어진다. 거친 바다와 싸우며 새로운 삶을 개척하는 이들과 묵묵히 땅을 일구는 농부들이 함께 살아가는 브르타뉴 지방의 특징을 완벽하게 드러내는 곳, 낭트Nantes에 들어선 것이다.

프랑스의 남서부로 가는 관문이자 아름다운 루아르 강 하구에 위치한 낭트는 인구 50만 명의 비교적 큰 도시다. 반쪽은 대서양에 걸쳐 있고, 나머지 반쪽은 루아르 강에 맞닿아 있는 낭트는 먼 옛날부터 탐험가와 무역상의 '마음의 고향' 이었다. 모험과 상인의 도시인 낭트가 우리에게 꽤 익숙한 것은 '백년전쟁', '낭트 칙령' 등 세계사의 곳곳에 등장하기 때문이지만 낭트가 더욱 친근하게 다가오는 것은 쥘 베른Jules Verne의 생가와 박물관이 있기 때문이다.

어린 시절에 만났던 《80일간의 세계 일주》는 '모험과 스릴' 바로 그 자체였다. 꿈 속에서나 가능했던 세계 일주를 실현 가능한 일로 치밀하게 옮겨 놓았기 때문이다. 시계처럼 정확하고, 냉정함이 돋보이는 영국 신사 필리어스 포그와 다소 넉살스럽지만 충직한 프랑스인 하인 빠스빠르투, 그리고 집념의 픽스 형사가 벌이는 흥미로운 세계 일주 여행은 여행지에서 벌어지는 예기치 않은 사건으로 박진감이 넘친다.

'근대 SF 소설의 아버지' 라 불리는 작가 쥘 베른의 고향, 낭트는 베른이 세계를 향한 꿈을 키웠던 곳이며, 지금은 그의 생가와 그를 기념하는 박물관이 있다. 이것만으로도 낭트에 올 이유는 충분하지 않을까?

낭트 역을 나서면 도시란 말이 무색할 정도로 숲으로 가득한 공원이 펼쳐진다. 수선화와 튤립, 장미로 장식된 꽃밭 사이에 있는 작은 연못과 분수, 그리고 그 사이를 활보하는 오리와 백조의 한가로운 봄나

낭트 공원에 세워져 있는 쥘 베른의 동상.

낭트가 내려다보이는 언덕 위에 있는 쥘 베른 박물관. 그의 생가 터에 자리잡고 있다.

들이는 평화롭기 그지없다.

낭트의 공원을 걷다 보면 멋진 수염을 한 동상 아래 어머니와 아이가 책을 읽는 긴 석상을 만나게 된다. 바로 쥘 베른의 동상이다. 《80일간의 세계 일주》를 발표하기 전부터 호기심 넘치는 글을 발표한 베른. 그의 작품은 단순한 공상 소설이나 동화에 머무르지 않았다. 당시로서는 최신 발명품을 이용해 상상할 수 있는 모든 생각을 동원했고, 잠수함이나 비행기, 텔레비전 등 미래 과학을 예측했던 뛰어난 선각자였다.

'20세기의 과학은 쥘 베른의 꿈을 따라 진보했다.' 는 평가를 받을 정도로 기상천외한 상상력과 과학 지식을 바탕으로 작품을 쓴 쥘 베른. 그는 1863년 《기구를 타고 5주간》이라는 소설을 발표하면서 작가로서 이름을 알리게 된다.

그 후 많은 공상과학 소설을 발표했고, 1873년 최대 출세작인 《80일간의 세계 일주》를 발표한다. 책은 단숨에 매진이 될 정도였으며, 희곡으로 각색되어 무대에 오르는 등 큰 성공을 거둔다. 당시 프랑스 지식층의 나태함을 질책하기 위해 영국인을 주인공으로, 프랑스인을 하인으로 설정했다는 뒷 이야기도 있다.

베른의 작품이 이렇듯 큰 인기를 누릴 수 있었던 것은 무엇보다 여러 나라를 두루 여행하면서 얻은 과학에 대한 해박한 지식과 문화에 대한 폭넓은 이해가 담겨 있었기 때문이다. 더욱이 미래 과학에 대한 지식과 상상력을 총동원하여 당시로는 상상에 불과한 달나라 여행이나 잠수함, 크루즈 등을 예견하였다. 미래를 내다보는 그의 안목에 고

모험가와 무역상의 도시라 불리는 낭트의 풍경.

개가 절로 숙여질 뿐이다.

그가 태어난 생가 터에는 현재 박물관이 있다. 대서양과 루아르 강이 만나는 길목의 '쥘 베른 박물관'은 눈부실 정도로 하얗다. 4층 건물에 11개의 전시실이 있는데, 입구에는 쥘 베른의 하얀 조각상이 방문객을 반긴다.

내부로 들어서면 작가의 어린 시절을 묘사해 둔 방이 나온다. 음악에도 뛰어난 재능을 보였던 쥘 베른은 악기는 물론이고 직접 작곡도 즐겼다고 한다. 특히 피아노 연주를 무척 즐겼는데, 방에는 어린 시절을 재현한 커다란 인형과 직접 사용했던 피아노를 비롯해 다양한 악기가 전시되어 있다. 각각의 방에는 그가 사용했던 각종 도구와 오리지

1598년 앙리 4세가 신교도의 종교의 자유를 인정하는 '낭트 칙령'에 서명하고 발표했던 브르타뉴 성.

널 원고를 비롯하여 각국의 언어로 번역된 책 등 다양한 자료가 있다.

특히 '80일간의 세계 일주 전시관'에는 커다란 지구본을 비롯하여 평면도와 산맥도, 해저도 등 수십 장의 세계지도가 소장되어 있다. 그리고 기구를 타고 하루에 날 수 있는 거리와 풍향을 비롯하여 열기구 이용 방법까지 작은 글씨로 자세히 기록해 놓은 자료도 있다.

이 사실만으로도 쥘 베른이 한 권의 책을 쓰기 위해 얼마나 연구하고 노력했는지 짐작이 된다. 전시된 수많은 서적 중 특히 눈에 띄는 것은 다른 땅, 다른 문화에 대한 이해를 돕기 위해 만들어 놓은 입체 그림책인데 그 내용의 정교함이 감탄스럽다.

박물관 큐레이터의 설명에 따르면 전쟁이 거듭되던 낭트에 평화가 찾아온 것은 지금으로부터 300년 전, 종교전쟁을 종결시키는 '낭트 칙령' 이 발표되면서부터다. 쥘 베른이 과학 소설을 쓸 수 있었던 것도 낭트가 항구 도시로서 번영을 누리고 있었기 때문이란다. 더욱이 그가 유년 시절을 보낼 당시는 낭트가 '서쪽의 파리' 라고 불릴 정도로 세련된 선진 문화와 무역 도시로 이름을 떨치던 시기라서 많은 사람과 접할 수 있었다고 한다. 낭트의 역사를 듣고 나니 그의 문학적 배경에 한걸음 더 다가가는 것 같은 느낌이다.

낭트에는 이외에도 낭트 칙령을 발표했던 브르타뉴 성, 노르망디 지방의 대표적 건축물 가운데 하나인 생 피에르 폴 사원과 낭만적인 루아르 강, 그리고 오래된 건물과 현대 건물이 잘 어우러진 도심의 거리 등 볼거리가 많다.

쥘 베른은 소설에서 괴짜 신사 필리어스 포그가 80일간의 세계 일주를 통해서 과연 무엇을 얻었는지 묻는다. 그리고 아주 멋진 대답을 우리에게 들려준다.

"80일간의 세계 일주에서 그가 얻은 것은 아무것도 없다. 그를 이 세상에서 가장 행복한 남자로 만들어 준 저 사랑스런 여인말고는 아무것도 없다고! 하지만 사람들은 그보다 훨씬 못한 것을 위해서도 세계 일주를 하지 않던가?"

그렇다면 우리는 무엇을 위해 여행을 하는 걸까?

○ 가는 방법

파리 몽파르나스 역에서 TGV를 타면 낭트까지 2시간 10분 걸린다. 유레일패스를 이용할 수 있으며 좌석 예약은 필수다.

○ 꼭 봐야 할 곳

쥘 베른의 생가 박물관, 낭트 공원, 낭트 성, 낭트 박물관, 낭트 항구.

○ 숙박

낭트는 프랑스 서부의 주요 도시 가운데 한 곳으로 시내에는 다양한 호텔이 있다. 외곽에는 저렴하고 깨끗한 체인 호텔이 있다.

○ 근교 명소

노르망디 _ 이 지역으로 여행을 하려면 기차와 버스를 이용할 수 있다. 목적지에 따라 조금 다르지만 로컬 기차를 타면 2~3시간 정도 걸린다.

루아르 고성 _ 프랑스의 대표적인 고성이 밀집되어 있는 루아르 고성의 중심지 투르까지는 기차로 1시간 30분이 걸린다. 가는 길에는 아름다운 시골 마을이 많아 프랑스의 시골 풍경을 즐기기에 제격이다.

쥘 베른 박물관 내부 모습. 동상과 각종 자료들이 전시되어 있다.

About Writer

쥘 베른 Jules Verne (1828~1905)

1862년 쥘 베른이 34세 때 파리에서 세계 최초의 기구 실험이 있었다. 과학에 대해 깊은 흥미를 가지고 있던 베른은 기구에 관해 여러 가지로 조사하던 중 타고난 공상력이 발동하여 《기구를 타고 5주일 동안》이라는 모험 소설을 썼다. 그러나 너무 공상적이고 엉뚱한 것이었기 때문에 번번이 출판사에 거절당했다. 이에 낙심한 베른은 원고를 난로에 던져 버렸다.

하지만 부인의 설득으로 겨우 22번째 찾은 출판사는 쥘 에첼이 운영하던 곳. 에첼은 이름이 같다는 이유로 베른을 좋아했고 결국 그의 작품은 잡지에 게재된다. 《기구를 타고 5주일 동안》이 발표되자 인기를 끌었고, 이듬해에는 단행본으로 출판되었다.

베른은 대부분의 소설을 에첼이 운영하는 잡지에 게재한 후 단행본으로 출판했다. 훗날 그는 에첼을 '정신적인 아버지' 로 불렀으며, 그와 함께 작품 구상을 하는 등 에첼로부터 많은 영향을 받았다고 한다.

쥘 베른 탄생 100주년을 맞이하던 지난 1936년, 프랑스의 예술가 장 콕도와 그의 연인 마르셀 킬은 《80일간의 세계 일주》의 주인공처럼 세계 일주를 시도했다. 한 잡지사의 후원을 얻어낸 이 여행에서 콕토와 킬은 각각 필리어스 포그와 빠스빠르투 역을 맡았다고 한다. 이 여행 이야기는 《다시 떠난 장 콕도의 80일간의 세계 일주》로 출판되기도 했다.

○ 동화 속 주인공

필리어스 포그 _ 꼼꼼하고 철저한 성격의 소유자. 정확한 계산과 지혜로 80일 만에 세계 일주에 성공한다.

빠스빠르투 _ 포그의 충직한 하인으로 든든한 동행자이다.

아우다 부인 _ 산 채로 화형 당할 뻔한 인도 여인. 포그의 도움으로 구출된 뒤 함께 여행을 한다.

픽스 형사 _ 은행 절도 사건 범인으로 포그를 지목하고, 그를 잡기 위해 쫓아다니며 여행을 방해한다.

《플랜더스의 개》의 무대 **벨기에 안트베르펜 Antwerpen**

파트라슈와 함께 걷는 길은 아름다워라

네로는 언제나 흰 막으로 가려진 루벤스의 그림 앞에 앉아
파트라슈가 아무리 끌어당겨도 돌아가려고 하지 않았던 적이 많았다.
다행히 성당의 문은 열려 있었다.
파트라슈는 제단에 있는 루벤스의 그림 앞에 쓰러져 있는 네로를 발견했다.
그리고 가만히 다가가 소년의 아름다운 얼굴에 차가운 코를 댔다.

《플랜더스의 개》 중에서

네로와 파트라슈의 아름다운 우정을 그린 동화《플랜더스의 개》. 어린 시절 우리를 웃고 울게 만들었던 이 동화의 배경은 바로 벨기에 플랑드르Flandre 지방의 중심 도시 안트베르펜Antwerpen이다. 안트베르펜은 네로가 그렇게 보고 싶어했던 그림의 화가 루벤스의 고향이기도 하다.

브뤼셀에서 안트베르펜으로 가는 길에는 작은 농가가 이어지는 전원 풍경이 펼쳐진다. 흔히 '벨기에' 하면 브뤼셀만 생각하기 쉽지만 네덜란드에 인접한 플랑드르 지방의 중심 도시 안트베르펜 역시 '유럽에서 가장 아름다운 항구 도시'로 명성을 지닌 곳이다.

지금은 도심에서 항구의 흔적을 찾아 볼 수 없지만 도심을 가로질러 흐르는 스헬데 강을 따라 가면 북해로 연결되는 낭만적인 도시다. 한창 번영을 누리던 15세기에 건축된 수많은 주택과 고즈넉한 골목으로 이어지는 안트베르펜의 구 도심에는 놓치기 아까운 풍경이 가득하다.

예술에 뛰어난 재능을 보였던 플랑드르 인과 지구촌의 장사꾼으로 통하는 왈룬 인이 만든 나라 벨기에. 두 민족 사이에서 발생하는 갈등이 유럽의 작은 나라 벨기에를 이끄는 원동력이란 생각이 든다.

우리 가족을 태운 기차가 '유럽의 아름다운 기차역 베스트 12' 중 첫 손가락에 꼽히는 안트베르펜 역에 도착했다. 거대한 돔을 연상시키는 안트베르펜 역은 웅장한 외관뿐만 아니라 화려하고 클래식한 분위기가 넘치는 실내도 매우 아름답다. 스테인드글라스를 연상시킬 정도로 아름다운 천장을 비롯하여 철과 유리가 어우러진 창문은 탄성을 자아내게 만든다.

역내에 자리잡고 있는 관광안내소로 가자 할아버지가 반갑게 일본어로 인사를 건넨다. 이아가 한국에서 왔다고 얘기하자 할아버지는 미안하다는 말과 함께 어느 곳을 방문할 계획인지 물어 온다. 《플랜더스의 개》(플랜더스는 플랑드르의 영어식 표기다) 배경 지역인 대성당과 공회당, 그리고 네로가 살던 마을, 호보겐을 볼 계획이라고 말하자, 버스와 전차 번호까지 친절하게 알려주면서 즐거운 여행이 되라고 손

네로가 보고 싶어 했던 루벤스의 '십자가에서 내려지는 예수'와 '벨기에의 보석'이라 불리는 안트베르펜 대성당의 내부.

De Troubadour
Stella Artois
De Troubadour Koffie Alle Bieren Pannekoeken Wafels Snacks De Troubadour
PALM

안트베르펜 대성당 앞에 늘어선 노천 카페에서 차를 마시며 휴식을 즐기고 있는 사람들의 모습.

을 흔든다.

우리 가족은 루벤스의 명화 아래서 쓸쓸한 죽음을 맞은 네로와 파트라슈를 만나기 위해 길을 재촉했다. 먼저 전차를 타고 관광안내소에서 표시해 준 정류장에 내려 대성당으로 향했다. 제법 가파른 계단을 오르자 우뚝 선 루벤스 동상이 우리를 반긴다.

플랑드르 화풍을 대표하는 위대한 화가 페테 파울 루벤스Prter Paul Rubens의 제단화로 유명한 안트베르펜 대성당은 230년이란 오랜 기간을 거쳐 완성된 벨기에의 대표적인 고딕 건축물이다. 123미터나 되는 첨탑, 환상적인 스테인드글라스와 멋진 조각, 회화로 가득한 대성당. 그곳에 들어가기 위해 한참을 기다렸다.

대성당에 발을 들여놓은 순간, 이아가 환호성을 질렀다. 왜 많은 유럽인들이 대성당을 '벨기에의 보석' 이라고 말하는지 두 눈으로 확인하는 순간이었다.

루벤스가 이탈리아에서 그림 공부를 마치고 돌아와 처음으로 그린 제단화 '십자가를 세움', 네로와 파트라슈가 꼭 껴안은 채로 함께 죽음을 맞았던 '십자가에서 내려지는 예수' 등 루벤스의 대표작들이 나란히 장식되어 있는데, 그림을 직접 보기 위해 찾아온 관람객들로 엄청나게 붐비고 있었다.

넘치는 힘과 역동적인 동작, 강렬한 빛이 특징인 루벤스의 그림, 특히 《플랜더스의 개》에 등장하는 '십자가에서 내려지는 예수' 를 보고 있노라니 이 그림을 그토록 보고 싶어했던 네로와 네로만큼 안타까워했던 파트라슈의 간절함이 전해져 온다.

대성당을 안내하는 가이드가 《플랜더스의 개》에 등장하는 바로 그 그림이라고 설명하자 많은 이들이 각자 자기 나라의 말로 감탄한다. 시대와 국경을 뛰어넘는 동화의 힘이랄까, 모두 동화를 읽던 어린 시절로 돌아간 듯 눈빛이 촉촉해진다.

성당에서 나와 메이르 Meir 거리로 향했다. 대성당 남쪽에 있는 메이르 거리에는 세련된 상점들이 밀집해 있다. 메이르 거리를 둘러본 후에 동화에 등장하는 시청을 찾았다.

화가의 꿈을 간직한 네로가 목탄화를 출품했지만 낙선의 쓰라린 경험을 맛보았던 안트베르펜 공회당은 지금은 시청으로 사용되고 있다. 또한 네로가 새벽에 우유 배달을 하며 지나가던 좁은 골목과 파트라슈가 의지하던 희미한 불빛이 비치던 곳은 바로 시청 주변이다.

분수와 화려한 조각이 있는 시청 주변은 아름다운 기차역과 함께 안트베르펜의 자랑거리다. 또 하나 이 도시의 명소는 오페라 하우스 근처에 있는 루벤스의 집이다. 대성당에서 흐룬 광장 Groen plaats을 지나 메이르 거리를 따라 남쪽으로 2~3분쯤 걸으면 루벤스의 집을 찾을 수 있다.

루벤스의 막강한 재력을 잘 보여주는 저택은 1937년에 안트베르펜 시에서 사들여 시립미술관이 되었다. 지금은 루벤스의 작품을 중심으로 동시대 여러 작가들의 그림을 전시해 놓고 있는데 거장들의 작품으로 가득하다. 이곳에서 빼놓지 말아야 할 것은 아름답게 꾸며진 정원과 루벤스가 작업했던 아틀리에로 루벤스가 사용했던 도구와 당시 분위기가 그대로 재현돼 있어 거장의 향기를 잘 느낄 수 있다.

世界の名作 4
ランダースの犬
DOG OF FLANDERS
フランダースの犬
플랜더즈의 개
フランダースの犬

다음날 우리 가족은 제한다스 할아버지와 네로, 그리고 파트라슈가 살았던 호보겐을 둘러보기 위하여 흐룬 광장으로 향했다. 루벤스의 동상이 우뚝 서 있는 흐룬 광장 앞에서 4번 트램을 타고 작을 마을 호보겐으로 이동했다. 25분쯤 달려온 트램이 모든 승객을 내려놓은 호보겐의 아름다운 공원 입구였다.

아기자기한 집과 상점들, 작은 파라솔 아래서 차를 마시는 호보겐 사람들의 따뜻한 미소…. 마치 집 근처로 산책 나온 것처럼 편안하다. 길을 따라 200여 미터쯤 걷다 보면 가장 먼저 만나게 되는 동화의 흔적은 보도 블럭에 새겨진 파트라슈 그림이다. 이 그림을 지나 100여 미터쯤 더 이동하면 드디어 동화박물관이 나온다. 여기서 마주한 동상을 보고 '야! 파트라슈다.' 라고 외치며 이아는 단숨에 달려가 네로와 파트라슈의 동상과 키를 대 본다.

"책에서는 파트라슈가 큰 개였는데 왜 이렇게 작아요?" 이아는 이것저것 궁금한 것이 많은 모양이다. 나는 전에 이곳의 박물관 가이드에게 들었던 이야기를 토대로 프랑스에서 실제 크기보다 작고 예쁘게 만들어 선물한 것이라고 설명해 주었다.

동상에서 내려온 이아가 관광안내소를 겸하고 있는 박물관 앞으로 발걸음을 옮기더니 집에 있는 동화책과 똑같은 책이 있다며 호들갑이다. 흔히 박물관이라고 하면 제법 큰 규모를 생각하지만 호보겐의 동화박물관은 여느 박물관과 비교할 수 없을 정도로 작다.

박물관과 관광안내소로 사용하는 공간을 모두 합치면 50평 남짓되는데 실제 박물관으로 사용되는 공간은 불과 10평 정도다. 여기에

전시되어 있는 것이라고는 《플랜더스의 개》에 관한 자료들과 동화에 등장하는 물건들이 전부다. 규모는 작지만 이곳에 대한 호보겐 사람들의 자부심은 대단하다. 《플랜더스의 개》에 관련된 자료만큼은 어느 곳보다 많이 갖추고 있기 때문이리라.

박물관을 둘러본 후 우리는 파트라슈 그림이 새겨진 보도 블럭을 따라 네로와 아로아, 그리고 파트라슈가 함께 놀았던 풍차가 있는 호보겐 초등학교를 찾아 나섰다. 박물관에서 200여 미터 정도 떨어진 지점에 제한다스 할아버지 동상이 서 있다. 그곳에서 사진을 찍은 이아는 풍차를 빨리 보고 싶다며 재촉한다.

벽돌과 나무로 지은 예쁜 집들과 상점을 지나 1킬로미터쯤 가면 호보겐 초등학교를 만난다. 우리네 작은 시골학교와 비슷한 호보겐 초등학교에는 동화에 등장하는 방앗간을 상징하는 풍차가 있다. 네덜란드와 가까운 안트베르펜에는 풍차를 이용하는 방앗간이 많이 있었는데, 네로의 친구 아로아의 집이 바로 방앗간이었다.

일명 '아로아의 풍차'로 불리는 풍차가 호보겐 초등학교에 세워지게 된 데에는 이유가 있다. 작가 위다 Ouida가 호보겐에 왔을 때 400년이나 된 커다란 풍차를 인상깊게 보았다. 그래서 동화 속에 등장하게 되었는데, 전쟁을 겪으면서 풍차가 부서졌고 이를 아쉬워한 주민들이 성금을 모아 이곳에 작은 풍차를 세워 놓은 것이다.

풍차를 본 후 네로와 파트라슈가 함께 뛰어 놀던 들판으로 가 봤다. 동화박물관과 호보겐 초등학교의 중간 지점쯤으로 추정되는 들판에는 집들이 들어서 있었다. 그중 일부를 공원으로 만들어 놓았고 이곳이 동화의 무대였음을 알리는 작은 사인 보드를 마련해 놓았을 뿐이었다.

작은 마을 호보겐, 안트베르펜 대성당, 마르크트 광장을 비롯한 수많은 골목에 이르기까지 안트베르펜은 '산책의 도시' 라는 별명답게 손잡고 걷기에 좋은 곳이다.

언제나 씩씩했던 네로와 그를 지켰던 든든한 파트라슈 그리고 참 예뻤던 아로아까지, 그들이 뛰어 놀던 곳 안트베르펜. 안트베르펜을 떠나는 기차 안에서 시무룩한 표정을 하고 있는 이아에게 왜 그러느냐고 물었더니 이런 대답이 돌아온다.

"파트라슈와 헤어지는 것 같아서 슬퍼."

동화마을 가는 길

○ 가는 방법

안트베르펜은 브뤼셀에서 기차로 50분이면 갈 수 있다. 네덜란드 암스테르담에서는 2시간, 로테르담에서는 1시간이 걸린다. 안트베르펜에서 호보겐으로 가려면 흐룬 광장에서 트램 4번을 타고 25분쯤 가면 된다.

○ 꼭 봐야 할 곳

안트베르펜 대성당, 시청, 호보겐 마을의 플랜더스의 개 동상이 있는 박물관, 호보겐 초등학교에 있는 풍차, 옛날 들판이었던 공원, 루벤스의 집, 왕립 미술관, 오페라 극장, 길드 하우스, 동물원.

○ 숙박

안트베르펜에는 초특급 호텔부터 저렴한 유스호스텔까지 다양한 숙박시설이 있는데 중급 호텔은 역 주변에 밀집되어 있다. 가격도 브뤼셀에 비해 저렴한 편.
유레일패스가 있다면 이곳에 숙소를 정하고 이동하는 것도 좋은 방법이다.

○ 근교 명소

겐트 _ 동화 《파랑새》의 무대로 알려진 겐트는 안트베르펜에서 기차로 50분 거리에 있는 도시다. 성을 중심으로 볼거리가 많다. 특히 도심의 성당과 주요 건축물은 벨기에 최고 수준.

호보겐 마을의 보도 블럭에 파트라슈가 그려져 있다.

About Writer

위다 Ouida (1839~1908)

프랑스인 아버지와 영국인 어머니 사이에서 태어난 영국 여류 작가 위다의 본명은 '마리 루이스 드 라 라메라'. 위다는 필명이다. 위다는 멜로 드라마풍의 소설로 유명해졌는데 초기 작품은 공상적이며 화려한 생활을 소재로 한 것들이 많았다.
간혹 괴기소설도 썼으며 30대에 이탈리아 피렌체로 옮겨 간 후, 초기의 가벼운 소설에서 벗어나 무게있는 작품들을 발표하면서 좋은 평을 받았다. 《플랜더스의 개》와 《뉘른베르크의 난로》 같은 어린이들을 위한 이야기도 많이 발표한 위다는 특히 동물을 좋아해 동물 실험 반대를 주제로 한 소설을 남기기도 했다.

브루게 _ 벨기에뿐만 아니라 베네룩스 3국을 총망라하여 가장 멋진 도시.
안트베르펜에서 겐트를 경유하여 1시간 15분이면 갈 수 있는데, 대성당, 풍차, 수도원과 박물관 등 볼거리가 많아 '베네룩스의 보석'이라고 불린다.

동화 속 주인공

네로 _ 부모님을 여읜 뒤 할아버지와 우유 배달을 하며 사는 착한 소년. 할아버지가 돌아가신 후 방화범으로 몰리게 되고 집에서 쫓겨난 뒤, 보고 싶어했던 대성당 그림 앞에서 파트라슈와 함께 죽음을 맞는다.

파트라슈 _ 심한 혹사로 인해 탈진된 상태에서 네로와 할아버지에게 발견된다. 건강을 되찾은 파트라슈는 네로와 마지막 순간까지 함께 한다.

아로아 _ 네로가 화가의 꿈을 키울 수 있도록 옆에서 늘 용기를 주는 친구.

Chapter 4

스웨덴

스모랜드 Småland

스코네 Skån

핀란드

핀란드 난탈리 Naantali

핀란드 로바니에미 Rovaniemi

《삐삐 롱스타킹》의 무대 **스웨덴 스모랜드 Småland**

삐삐의 비밀 아지트를 공개합니다

삐삐는 정말 대단한 아이였다. 어찌나 힘이 센지 말 한 마리도 들어올릴 수 있었으니까.
기상천외한 행동을 하는 삐삐에게 어느 날 토미가 '너 왜 뒤로 걸어?' 라고 물었다.
삐삐가 말했다. "여긴 자유로운 나라잖아. 내가 걷고 싶은 대로 걸으면 안 된다는 법 있어?
이집트에서는 누구나 이렇게 걷지만 아무도 이상하게 생각하지 않아."

《삐삐 롱스타킹》 중에서

주근깨 투성이 얼굴, 붉은색 갈래 머리, 기상천외한 행동과 기발한 아이디어, 말도 번쩍 들어올리는 힘으로 누구든 반하게 만들었던 소녀, 바로 말괄량이 삐삐다. 원숭이 닐슨 선생, 토미, 아니카와 뛰어놀던 천방지축 소녀, 그리운 삐삐. 그런데 삐삐는 어느 나라 소녀일까?

외화 시리즈의 주인공으로 알려진 브라운관 속의 삐삐는, 사실 스웨덴의 아동문학가 아스트리드 린드그렌Astrid Lindgren의 작품 《삐삐 롱스타킹》의 주인공이다. 삐삐의 무대는 스웨덴의 스모랜드Småland 지방. 스모랜드란 지명이 우리에게는 조금 낯설지만 독특하고 아름다운 유리 공예품으로, 또 삐삐의 배경지로 유럽에서는 꽤 유명한 곳이다.

스웨덴의 수도 스톡홀름Stockholm에서 기차로 3시간 남짓 달려 스모랜드 지방의 중심 도시인 벡시외Växjö에 도착했다. 기발하고 엉뚱한 생각과 행동으로 어른들을 당황하게 만들던 삐삐. 그 삐삐가 맹활약했던 무대가 바로 벡시외 시청 광장과 노천 시장이다. 옛 모습을 그대로 보존하고 있는 시청 주변은 동화에서 화재가 발생했던 곳으로 삐삐를 마을의 영웅으로 만들었던 장소다.

벡시외 시청과 주변 건물들, 특히 나무로 만든 뾰족한 첨탑, 붉은색에 가까운 자줏빛 색깔로 칠해진 벡시외의 교회들은 아담하지만 세련된 풍경을 연출한다. 시청 앞 광장에서는 하루도 빠짐 없이 노천 시장이 열리는데, 추운 지방인만큼 방한용품부터 생필품까지 다양한 물건을 구경할 수 있다.

노천 시장을 찾은 한 중년 신사를 만나 이런저런 얘기를 나누다 삐삐에 관해 물었다. 머나먼 동양에서 삐삐의 무대를 찾아왔다는 말에 반가워한다. 멋진 수염을 기른 이 노신사는 아주 옛날 이 지방에 남을 위해 희생하는 용기있는 여자아이가 살았는데 '삐삐는 그 실화를 토대로 만들어진 동화' 라는 이야기를 들려주었다.

삐삐 포스터와 캐릭터로 장식되어 있는 노천 시장 앞의 관광안내

삐삐가 마도로스였던 아빠와 헤어진 곳으로 《삐삐 롱스타킹》 이야기의 출발점, 칼마르 항구다.

소로 가 봤다. 안내소에 비치된 각종 책자에는 삐삐와 관련된 여러 이벤트가 소개되어 있다. 벡시외 주변의 작은 마을과 칼마르 항구 그리고 삐삐의 집을 순례하는 관광 코스가 인기인데 통나무로 만든 삐삐의 집을 대여해 주기도 한단다.

멋지고 신비로운 유리 제품을 생산하는 유리 공장과 울창한 숲, 풍차와 예쁘고 아담한 집 등 북유럽 특유의 세련되고 깔끔한 풍경을 자랑하는 벡시외를 뒤로 하고 항구 도시 칼마르Kalmar로 발길을 옮겼다. 칼마르는 바로 삐삐 이야기가 시작된 곳이다.

삐삐의 아버지는 큰 배를 타고 오대양을 항해했던 멋진 마도로스. 그는 하나밖에 없는 딸 삐삐와 함께 여러 곳을 여행하며 모험담도 많이 남겼다. 그러던 어느 날 아빠는 폭풍우에 실종되고 삐삐와 선원들만 구조되어 항구로 돌아온다. 그곳이 바로 칼마르다.

비록 규모는 작지만 칼마르는 '스웨덴의 자물쇠'라 불리는 전략상의 요충지로 16세기의 분위기를 고스란히 간직한 시가지와 최첨단 항구가 공존한다. 정박 중인 대형 선박들과 그 옆으로 줄지어 있는 작은 어선들, 항구와 공원을 연결하는 도로변의 깜찍한 조각들, 아름다운 등대, 어판장 풍경 등 항구 도시 특유의 낭만을 즐길 수 있다.

칼마르의 또 다른 자랑거리는 동화에 자주 등장하는 풍차다. 스모랜드의 풍차는 곡식을 가공하는 데도 쓰이지만 식품과 생활용품을 보관하는 곳으로도 사용되는데 자그마치 400~500년이 넘은 것들이라고 하니 같은 자리에서 오랜 세월 동안 삶의 동반자가 되어 온 셈이다.

뾰족탑이 있는 벡시외와 항구 도시 칼마르가 동화의 주요 배경이지만 삐삐의 진정한 무대는 벡시외와 칼마르 사이에 흩어져 있는 숲이다. 다양한 수종을 자랑하는 숲길을 달리다 보면 너무도 깨끗하고 아름다운 모습에 넋을 잃게 된다. 끝이 보이지 않을 정도로 빽빽한 숲 속에 '삐삐의 집' 과 동화 속에 나올 것 같은 작고 예쁜 집들이 숨어 있는데, 삐삐를 찾아오는 사람들이 늘어나면서 만들어 놓은 것들이다.

이제 아스트리드 린드그렌의 고향 작은 마을 빔멜비Vimmerby로 가 볼 차례다. 벡시외에서 빔멜비까지 이어지는 풍광은 감탄사를 연발하게 한다. 차창 너머로 펼쳐진 숲과 들판, 호수 사이에 자리한 그림 같은 목조 주택들. 어디가 마을이고 어느 곳이 전원인지 구분하기조차 어려운 아름다운 풍광은 그야말로 아름다운 한 장의 엽서 같다.

빔멜비는 작은 농촌 마을로 아스트리드 린드그렌은 이곳에서 태어나 성장했다. 언덕에 위치한 교회를 중심으로 아담한 주택과 농가가 어우러진 그림처럼 아름다운 마을 빔멜비. 삐삐와 아스트리드 린드그렌의 흔적으로 가득한 이곳에 바로 '아스트리드 린드그렌 월드' 라는 이름의 테마 공원이 있다. 앙증스러운 목조 주택과 아늑한 분위기를 연출하는 신작로를 따라 10여 분쯤 걷다 보면 넓은 주차장 한 가운데 삐삐 캐릭터 인형이 새겨진 커다란 깃발이 보인다. 그 곳이 아스트리드 린드그렌의 작품을 테마로 만든 공원인데 그 규모가 상상을 초월할 정도다.

한참 줄을 서 기다린 끝에 입장권을 구입하여 공원 안으로 들어가니 《삐삐 롱스타킹》을 비롯하여 아스트리드 린드그렌의 주요 작품을 재현해 놓은 건물과 구조물들이 방문객을 맞는다. 삐삐의 집, 우체국,

린드그렌의 주요 작품을 재현해 놓은 아스트리드 린드그렌 월드.

아스트리드 린드그렌의 고향, 작은 마을 빔멜비의 풍경.

'스웨덴의 자물쇠' 라는 애칭을 지닌 칼마르 성.

경찰서, 농장, 서점, 기념품 상점, 레스토랑, 기념사진 촬영 장소 등 삐삐를 좋아했던 사람이라면 누구나 입을 다물지 못할 듯하다.

'아스트리드 린드그렌 월드' 에 조성해 놓은 건축물은 44곳에 이르며, 수십만 평에 이르는 공원에 건설해 놓은 크고 작은 공연장과 아이들의 눈에 맞게 조성해 놓은 건물까지 합하면 족히 100여 채가 넘는다. 단순한 기념 공원이 아닌 하나의 마을에 가까운 아스트리드 린드그렌 월드는 스웨덴을 상징하는 하나의 종합 문화 공원이라는 표현이 더 어울릴 것 같다.

아스트리드 린드그렌 월드가 여느 테마 공원과 다른 점은 공연장부터 상점에 이르기까지 하나같이 아이들의 눈높이에 맞춰 만들어졌다는 것이다. 공원에 조성해 놓은 모든 건축물은 동화에 등장하는 것으로 어린이들로 하여금 읽는 동화가 아닌 몸으로 체험하고 살아 있는 동화임을 느끼게 한다. 건물들을 유심히 둘러보니 상당히 많은 건물이 《삐삐 롱스타킹》에 나오는 건물임을 알 수 있었다. 동화 속에서 화재가 발생했던 시청 광장과 소방서, 그리고 우체국 등. 그리고 신작로를 따라 늘어선 건물을 지나면 자그마한 광장이 나오는데 광장 중앙에는 삐삐가 두 손으로 말을 번쩍 들어 올리는 그림이 그려진 벽화가 있고 놀이터, 친구 아니카가 살았던 집이 있다.

이곳에서는 여러 동화를 소재로 한 공연도 펼쳐진다. 대표작 《삐삐 롱스타킹》과 고아 소년 라스무스 이야기를 그린 《방랑자 라스무스》와 《명탐정 칼레》, 시골 아이들의 일상을 그린 《떠들썩한 아이들》 등 그녀의 작품들을 공연하고 있었다. 여러 공연장 가운데 가장 인기를 끄는 곳은 역시 삐삐 롱스타킹을 공연하는 공연장이다. 빔멜비와 스모랜드는 물론이고 멀리 스톡홀름이나 코펜하겐에서도 공연을 관람하기 위해 많은 사람들이 찾아온다.

이 야외 공연은 5월 중순부터 8월 중하순 사이에만 열리는데 전문 연극배우도 있지만 많은 청소년도 참여하고 있다. 공연에 참가한 청소년들은 중고등학생부터 초등학생까지 모두 빔멜비에 거주하며 봉사 활동의 일환으로 참가하고 있다고 한다.

아스트리드 린드그렌 월드에는 이외에도 흥미로운 공간이 많다. 그 중 아스트리드 린드그렌 가든과 생태 체험 산책로는 온가족이 함께 한가로운 여가를 즐길 수 있는 공간이다. 아스트리드 가든은 작가와 연관된 자료를 전시하고 있는 예쁜 정원이고 자작나무와 사철나무 사이 시냇가를 따라 조성되어 있는 생태체험 산책로에는 스웨덴에서 서식하는 여러 종류의 식물과 농가에서 사육하는 다양한 동물을 방목하고 있어 가족이 천천히 둘러보기에 그만이다. 그리고 공원 북쪽에는 카페와 레스토랑 등이 있고 캠핑장도 마련되어 있다.

《삐삐 롱스타킹》이 지금은 아동 문학의 고전이 되었지만 린드그렌이 책을 썼던 1940년대 당시에는 출판을 거부당할 정도였다. 그때까지의 동화에 대한 상식을 뒤엎는 내용 때문이었는데, 출간되고 나서도 많은 교육자와 학부모들에게 항의를 받아야 했다. 하지만 발랄한 동심과 신나는 모험이 가득한 삐삐 이야기는 어린이들에게 엄청난 사랑을 받았고 특히 세대를 불문하고 아직까지도 여성들의 꾸준한 사랑을 받고 있다.

landet
hästarna
the country
horses
PIPPI
PIPPI
PIPPI
PIPPI
PIPPI
PIPPI

삐삐가 그토록 열렬한 사랑을 받는 이유가 무엇일까? 삐삐는 결코 어른을 두려워하지 않는다. 심지어 경찰도 무서워하지 않는다. 아빠도 엄마도 없이 혼자 살아가지만 명랑하기 그지없는 삐삐에게는 '아이는 어른의 보호와 통제에 있어야 한다.' 는 상식이 통하지 않는다.

또한 '예쁘고 착한 소녀' 캐릭터와는 180도 다르다. 잘 씻지도 않고 옷차림도 멋대로다. 늘 깡충깡충 뛰어다니는 데다 팬티가 보이는 것쯤은 신경도 안 쓴다. '어른 말씀 잘 듣기', '얌전하고 단정하게' 를 강요받아 온 아이들(특히 여자아이들)에게 자유로움을 선물한 것, 이것이 바로 삐삐가 지금까지 사랑 받는 이유가 아닐까. 삐삐의 고향, 스모랜드를 떠나는 차 안에서 린드그렌의 이야기가 머리를 스쳐 간다.

"나는 설교를 하려고 동화를 쓴 것이 아닙니다. 단지 아이들이 재미있어 하고, 감동을 받게 하려고 썼지요. 불행했는데 내 책을 읽고 행복을 맛 본 아이가 단 한 명이라도 있다면 내 인생은 성공한 것이라고 할 수 있을 겁니다."

○ 가는 방법

빔멜비 _ 스톡홀름이나 코펜하겐에서 X 2000을 이용하여 벡시외까지 이동한 후 로컬 기차와 버스를 이용하여 갈 수 있다. 스톡홀름에서는 3시간 20분, 코펜하겐에서 2시간 30분 소요됨. 벡시외에서 빔멜비까지는 기차와 버스를 이용하여 40~70분이면 갈 수 있다.

아스트리드 린드그렌 월드 _ 빔멜비 외곽에 조성해 놓은 대규모 테마 공원 마을 중심에서 2킬로미터 지점에 있다. www.alv.se

오픈 : 5월 14일 ~ 6월 10일 - 10:00 - 17:00
6월 11일~8월 28일 - 10:00 -18:00

○ 꼭 봐야 할 곳

벡시외 시청, 대성당, 유리박물관, 이민박물관, 벡시외 구시가지, 삐삐랜드.

○ 숙박

벡시외는 유리 산업이 주업인 아담한 중소도시로 숙박시설이 많지는 않다. 도심에 10여 개의 호텔과 유스호스텔이 있는데, 시청 광장 바로 앞 관광안내소에서 안내를 받는 것이 편리하다. 빔멜비는 작은 마을이지만 스웨덴을 대표하는 명소로 유스호스텔부터 고급 호텔까지 10여 곳에 달하는 숙박시설이 있다. www.visit-sweden.com

○ 근교 명소

엠마보다 _ 아름다운 숲 속에 자리잡은 작은 도시로 주변에 환상적인 작품과 생활용품을 만들어내는 유리 공장이 즐비하다. 한적하게 숲과 유리공방을 감상할 수 있다.

○ 여행하기 좋은 시기

빔멜비 _ 6월 말부터 8월 초가 가장 좋다. 다양한 문화 행사가 있고 유니바켄의 삐삐랜드가 매일 문을 연다. www.junibac-ken.se

아스트리드 린드그렌 월드 _ 5월 말부터 8월 말까지. www.vimmerby.se

About Writer

아스트리드 린드그렌 Astrid Lindgren (1907~2002)

1907년 스웨덴 스모랜드 지방의 작은 마을 빔멜비에서 태어난 아스트리드 린드그렌은 스웨덴을 대표하는 아동문학가다. 그녀는 초등학교 교사였는데 《삐삐 롱스타킹》을 발표한 시기는 38살. 삐삐 이야기가 탄생하게 된 계기는 바로 일곱 살 난 딸 카린이 폐렴에 걸린 것이었다고 한다. 카린은 엄마에게 이야기를 해 달라고 졸랐다. 하루는 《긴다리 아저씨(키다리 아저씨의 원제)》에서 힌트를 얻은 카린이 "엄마, 긴 양말 신은 삐삐 이야기 해 줘" 하고 조르자 린드그렌이 즉석에서 지어낸 이야기가 바로 《삐삐 롱스타킹》이다. 이후로 삐삐 이야기를 몇 년 동안이나 들려주게 되었다고 한다.

1944년 3월, 눈이 쌓인 스톡홀름 시내를 걷다 미끄러져 발을 다친 린드그렌은 한동안 침대 신세를 지게 되었는데 이것이 그녀가 책을 쓴 계기가 되었다. 린드그렌은 카린의 생일 선물로 삐삐 이야기를 정리한 원고를 선물했고 그 원고를 한 출판사에 보냈는데 원고 말미에 그녀는 '청소년 담당 관청에 고발하지 않기를 바라며' 라는 글을 덧붙였다. 그녀의 예상대로 이 원고는 되돌아 왔다. 그러나 그녀는 또 다른 동화로 Raben & Sjogrens 출판사 공모전에서 2위에 입상했다. 그 다음해에 같은 공모전에 삐삐의 원고를 내놓았고 이때 1등을 차지하게 되었다. 이런 우여곡절을 거쳐 《삐삐 롱스타킹》은 세계적인 히트작이 되었다. 린드그렌은 《방랑자 라스무스》로 국제 안데르센 상을 수상했고 《명탐정 칼레》 시리즈, 《떠들썩한 아이들》 시리즈 등을 발표했다. 이 작품들은 85개의 언어로 번역되었으며 1억만 부 이상이 팔렸다. 또 그녀는 스웨덴 사람들이 가장 좋아하는 사람으로 뽑히기도 했다. 린드그렌은 아이들이 살기 좋은 세상을 만들기 위해 여러 캠페인에 동참했고, 1988년 동물 보호법 제정에 힘쓰는 등 동물 보호를 위해서도 많은 노력과 활동을 했다.

동화 속 주인공

삐삐 _ 양 갈래로 땋은 헤어 스타일, 기워 만든 옷, 색깔이 다른 긴 양말을 신고 다니는 삐삐는 힘이 세서 말도 번쩍 들어올리는 별난 아이. 옷 가방 가득 금화를 가지고 있으며 해적이 되는 것이 꿈이다.

토미 _ 어른들의 말을 잘 듣는 착하고 얌전한 아이. 삐삐의 옆 집에 산다. 아니카의 오빠다.

아니카 _ 항상 예쁜 원피스를 깔끔하게 차려 입고 다닌다. 옷 더럽히는 것을 가장 싫어한다.

닐슨 _ 파란 바지와 노란 웃옷을 입고, 하얀 밀짚 모자를 쓴 조그마한 원숭이.

《닐스의 이상한 여행》의 무대 **스웨덴 스코네 Skåne**

닐스, 거위 타고 스웨덴을 날다

내가 갈게. 나 좀 북쪽으로 데려가 줘."
그 얘기에 놀라 벌떡 일어난 닐스는 거위 모르텐을 말리기 시작했어요.
하지만 난쟁이가 되어버린 닐스의 목소리는 아무에게도 들리지 않았어요.
거위는 마침내 닐스를 목에 매단 채 푸른 하늘로 솟구쳐 올랐어요.
드디어 거위와 함께하는 닐스의 이상한 여행이 시작됐어요.

《닐스의 이상한 여행》 중에서

교회 가는 걸 싫어하고 제멋대로인 말썽꾸러기 닐스. 어느 일요일 작은 상자에 앉아 있는 꼬마 요정을 잠자리채로 괴롭히다가 그만 요정의 마술에 걸려 난쟁이가 되고 만다. 이때부터 닐스와 흰 거위 모르텐의 스웨덴 여행이 시작된다. 이들이 겪은 흥미진진한 이야기가 담긴 모험 동화가 바로 《닐스의 이상한 여행》이다.

'북유럽 아동 문학의 최고 명작' 으로 꼽히는《닐스의 이상한 여행》의 무대는 스웨덴 전역에 걸쳐 있다. 호숫가에 늘어선 작은 마을과 오두막, 넓은 평야 한가운데서 외롭게 자리를 지키고 있는 고색 창연한 성, 오랜 역사를 자랑하는 북유럽 최고의 문화 도시 스톡홀름 Stockholm에서 랩족의 땅인 라프란드 Lapland까지. 이 가운데서 스코네 Skåne 지방의 성과 수도인 스톡홀름을 중심으로 동화의 발자취를 찾아나섰다.

스칸디나비아 반도의 동쪽에 위치한 스웨덴은 북유럽에서 첫 번째, 유럽 전체에서도 네 번째로 큰 나라다. 한냉지가 대부분이지만 악조건을 극복하고 공업과 농업을 발달시킬 수 있었던 것은 그나마 서해안을 따라서 흐르는 난류와 따뜻한 서풍 덕분. 스웨덴에서 가장 비옥한 남부의 풍요로운 평원 지역이 닐스 이야기가 시작되는 스코네 지방이다.

착하고 용감한 검은 쥐와 욕심 많은 회색 쥐 사이에 싸움이 벌어지던 스코네 지방의 글리밍게후스 Glimmingehus 성을 처음 찾은 것은 1997년 봄이었다. 스톡홀름 공항에서 렌터카를 몰아 동남쪽으로 연결된 E22번 고속도로를 꼬박 6시간 동안 달려 회르 Hoor라는 작은 도시에 도착한 뒤 다시 지방도로를 약 1시간 남짓 달려서야 글리밍게후스 성을 만날 수 있었다.

싸움꾼들이 전투를 벌였던 장소답게 글리밍게후스 성은 성이라기보다 요새에 가까웠다. 적의 침입에 대비하여 성 주변을 물로 가득 채워 놓았고 그것도 부족해 무쇠로 만든 다리를 건너야 비로소 들어갈 수 있도록 설계되어 있었다. 난공불락의 성처럼 보이는 글리밍게후스

독일의 성을 연상시키는 글리밍게후스 성은 몇 개의 작은 창문을 제외하고는 모두 돌로 만들어져 있다.

북유럽의 아름다운 겨울 풍경으로 글리밍게후스 성의 부속 건물들이다.

성은 작은 창문 몇 개를 제외하고는 세상과 완전히 단절되어 있었다.

《닐스의 이상한 여행》 배경지라는 작은 안내문만 있을 뿐 동화의 무대임을 상징하는 다른 것은 눈에 띄지 않았다. 꼬박 하루를 날아와 이곳까지 찾아온 나의 궁금증을 해결하기엔 터무니없이 부족했다.

사진을 촬영하는 중간중간 언 몸을 녹이기 위해 토산품 가게를 들락거렸더니 상점의 아주머니가 궁금해하며 말을 걸어왔다. 이 먼 곳까지 온 이유가 《닐스의 이상한 여행》 때문이라고 하자 그녀는 성의 학예사에게 도움을 받으라고 했다. 덕분에 학예사를 만나 글리밍게후스 성과 동화 속에 숨어있는 재미있는 이야기를 들을 수 있었다.

성의 모양새가 동화에서 묘사된 것과 비슷하다고 이야기를 건네자, 학예사는 반색하며 대답한다. 그의 설명에 의하면 글리밍게후스 성은 스웨덴의 다른 성과는 많이 다르며 오히려 독일의 성과 비슷한 모양이란다. 적의 침입에 대비하여 2.5미터나 되는 두께로 축성한 요새 형태로 입구부터 망루까지 비밀 출입구로 연결되어 있고, 중간에 설치된 몇 개의 작은 구멍은 적에게 화살 같은 무기를 발사할 용도로 건축했다고 한다.

1499년 독일의 건축가 아담 폰 듀렐에 의하여 건축된 성은 요새 같은 모습도 그렇거니와 비밀스러운 출입구와 미로 같은 실내 구조까지 동화에 묘사된 그대로다. 또 하멜른의 《피리 부는 사나이》처럼 닐스 역시 뿔피리를 이용하여 이곳에 침입한 나쁜 회색 쥐를 들판으로 쫓아 버렸다는 점이 흥미롭다.

글리밍게후스 성을 뒤로 하고 또 다른 무대 가운데 한 곳인 스바네

학들이 모여 무도회를 열었던 스바네홀름 성. 18세기 덴마크와 스웨덴의 영토 다툼이 벌어졌던 곳이다.

노벨상 수상자를 위한 만찬 행사가 열리는 스톡홀름 시청 '황금의 방' 을에서 동화 이야기를 들려주는 가이드.

홀름으로 이동하기 위해 국도11번과 E55(유럽 통합도로)번을 달렸다. 글리밍게후스 성을 출발한 지 1시간 남짓, 문화유적지를 알리는 사인 보드가 보였다. 사인 보드의 지시에 따라 잘 정리된 언덕길을 조금 달리자 아름다운 숲 사이로 고성과 언덕이 나타났다. 동화에서 학들이 모여 무도회를 열었던 바로 그 성이다. 쿨라베리의 숲 속에 있는 르네상스 양식의 스바네홀름 Svaneholm 성은 참으로 멋있었다.

'백조의 성' 이라는 애칭으로 더 잘 알려져 있는데, 주변에는 작은 농장들이 있어 화려한 성과 작은 농가가 한데 어우러져 독특한 분위기를 연출하고 있었다. 성의 일부는 박물관으로 꾸며 당시 귀족들의 화려한 가구와 대조를 이루는 서민들의 생활용품을 전시하고 있다. 이 스바네홀름 성은 18세기 초반 덴마크와 스웨덴 사이에 영토 다툼이 벌어졌을 때 우리나라 판문점처럼 성의 중앙을 경계로 테이블과 가구까지도 양국이 절반씩 소유한 아픈 역사를 간직하고 있다.

해변과 여름 휴양지가 있는 평평한 해안 지역인 스코네 지방을 떠나 북유럽 최대의 도시인 스톡홀름으로 이동했다. 발트 해를 따라 연결된 E22번 고속도로를 달리면서 하얀 눈으로 덮여 있는 들판과 호수 사이로 모습을 드러낸 앙상한 나무, 푸르다 못해 검게 느껴지는 바다가 보였다. 그리고 한참을 더 달려 자주색 지붕의 시골 집을 만날 수 있었다. 새삼 맑고 깨끗한 나라에 와 있음을 느끼게 해 준다.

동화 속에서 물의 요정과 어부가 만나 비극적인 사랑을 나눈 곳이 바로 스톡홀름이다. 바이킹의 거점 도시였던 스톡홀름은 '물 위에 떠 있는 아름다움' 이란 뜻을 간직한 유서 깊은 항구 도시다. 14개의 크고 작은 섬을 다리로 연결해 놓은 스톡홀름에서 닐스의 흔적을 찾아 볼 수 있는 곳은 도심 지역 중에서도 중심부에 해당하는 감라스탄 Gamla Stan과 시청이 위치한 쿵스홀멘 섬, 헬란즈스홀멘 섬, 그리고 카스텔홀멘 섬이다.

현재는 모두 다리로 연결되어 있어 개성 넘치는 독립된 문화 공간 역할을 톡톡히 하고 있다. 쿵스홀멘 섬은 시청과 낭만적인 선상 카페들이 있는 지역으로, 헬란즈스홀멘 섬은 국회의사당과 왕궁 등이 있는 정치와 관광의 명소로, 카스텔홀멘 섬은 한적하고 아름다운 섬으로 각각의 개성이 독특하다.

그중에서도 가장 돋보이는 곳이 스톡홀름에서 가장 오랜 역사를 자랑하는 감라스탄 지역. 좁은 골목을 따라 늘어선 고색 창연한 상점과 카페들은 동화의 무대답게 환상적인 분위기를 연출하고 있다.

감라스탄의 모든 길은 언덕 위에 있는 왕궁에서 시작된다. 스톡홀름을 찾는 사람이라면 가장 먼저 들르게 되는 왕궁은 1754년에 완성된 것으로 이탈리아의 바로크 양식과 프랑스의 로코코 양식이 절묘하게 조화를 이루고 있다. 꼬박 60년에 걸쳐 완성된 왕궁은 얼마 전까지만 해도 스웨덴의 왕과 그 일가가 살았던 곳으로 현재 일부를 제외하고는 모두 공개되고 있다.

왕궁은 화려한 왕가의 생활상을 엿볼 수 있어 인기가 높은데 모든 전시품이 하나같이 호화롭고 멋지다. 가장 많은 사람들을 불러모으는 장소는 진귀한 물건이 가득한 '보물의 방' 이다.

역대 국왕의 보검과 왕관을 모아 둔 보물의 방에서도 많은 이들의

왕궁과 국회의사당이 보이는 스톡홀름의 해안에서 백조와 오리들이 노니는 모습.

닐스의 이상한 여행의 무대 가운데 한곳인 스톡홀름 외곽 풍경.

이목을 집중시키는 것은 1561년 에릭 14세가 왕위에 오르면서 쓴 왕관이다. 다이아몬드와 루비 700개로 장식된 이 왕관의 화려함과 섬세함은 직접 눈으로 보지 않고서는 어떤 말이나 글로 설명할 수 없을 정도다.

매년 연말이면 세계인의 이목이 스톡홀름에 집중된다. 바로 노벨상 시상식과 만찬이 열리기 때문이다. 동화 속에서 어부가 요정을 잡기 위해 작살을 던져 바다의 색깔이 아름답게 변하게 되었고, 어느 날 국왕이 이곳을 지나다 바다 색깔이 너무나 아름다워 네 개의 섬을 연결하는 다리를 건설하고 수도로 삼았는데 그곳이 바로 시청이 있는 쿵스홀멘 섬이다.

시청에서 가장 인상적인 '황금의 방'은 1,900만 개에 이르는 황금 모자이크로 장식되어 있다. 바로 이곳에서 노벨상 수상자를 위한 만찬과 무도회가 개최된다. 시청은 800만 개의 붉은 벽돌을 이용한 건축물로도 유명한데, 특별한 행사가 열리는 기간을 제외하면 언제나 들어갈 수 있다. 시청의 전망 타워에 오르면 아름답고 낭만적인 스톡홀름의 시가지와 고풍스러운 감라스탄이 한눈에 들어오는데, 닐스처럼 거위를 타고 날아보고 싶은 충동이 일기 마련이다.

또 닐스와 모르텐이 기러기 대장인 아카와 유일한 훼방꾼으로 등장하는 심술쟁이 여우를 만나는 올란드 Oland 섬, 닐스가 잘못을 뉘우치고 집으로 돌아오는 동화의 엔딩을 장식하는 라프란드 등도 멀지만 가볼 만한 곳이다.

북유럽에서 가장 넓은 국토를 가진 스웨덴에는 동화에 나오는 지역 외에도 스톡홀름 외곽에 위치한 비르카와 호브고르덴 유적지를 비롯해 타눔의 바위 위에 새겨진 바이킹의 암각화, 환상적인 오로라의 향연을 감상할 수 있는 북구, 세계적인 대학 도시 웁살라 등 여행객들의 마음을 붙잡는 곳이 많다.

셀마 라게를뢰프 Selma Lagerlof가 스웨덴 교육청의 의뢰를 받아 집필한 《닐스의 이상한 여행》은 그녀에게 노벨문학상까지 안겨 주었다. 이제 우리도 우리 땅의 아름다움을 멋지게 담아 내 어린이뿐만 아니라 어른들에게도 우리 땅에 대한 사랑을 불러일으키는 근사한 동화 한 편 가질 때가 되지 않았을까.

가는 방법

《닐스의 이상한 여행》의 무대는 너무 넓고 많아 대표적인 두 곳만을 꼽았다. 우선 주요 동물들이 등장했던 스코네 지방의 글리밍게후스 성이나 스바네홀름 성으로 가려면 거점 도시에 해당하는 룬드까지 이동한 다음 연결하는 기차와 버스를 타거나 렌터카를 이용해야 한다. 스톡홀름에서 룬드까지는 X2000을 이용하면 4시간 10분이 걸린다. 룬드에서 글리밍게후스 성과 스바네홀름 성까지는 기차가 없어 버스를 이용해야 되는데 글리밍게후스까지는 1시간 20분, 스바네홀름까지는 40분이 걸린다. 렌터카를 이용할 경우 유럽 주요 고속도로인 E4번이나 E22번을 타고 남쪽으로 이동하다 국도를 이용하는 것이 편리하다. 6~7시간이 걸린다.

꼭 봐야 할 곳

글리밍게후스 성, 스바네홀름 성, 토루프 성, 마스빈스홀름 성(이상 스코네 지역), 감라스탄, 왕궁, 콘서트홀, 시청, 왕립공원, 북방민속박물관, 오페라 하우스, 바사 호 박물관, 세르겔 광장, 국회의사당(이상 스톡홀름 지역).

숙박

스코네 지방 _ 면적은 넓지만 룬드를 제외하고는 소도시와 작은 마을이라 미리 숙소를 정한 후 이동하는 것이 좋다. 특히 스웨덴의 유스호스텔은 일반 호텔처럼 1인실부터 여러 명이 함께 이용하는 도미토리까지 다양하여 선택의 폭이 넓다.

스톡홀름 _ 국제 도시 스톡홀름에는 수십 개의 고급 호텔과 100여 개가 넘는 투어리스트 호텔을 비롯, 큰 규모의 유스호스텔도 있다. 역이나 공항의 호텔 안내소를 통하는 것이 저렴하다.

근교 명소

스코네 근교

룬드 _ 동화에 등장하는 고성 지역에서 버스로 40분 거리에 위치한 룬드에는 북유럽 최대 규모를 자랑하는 룬드 대학을 비롯하여 아름다운 교회들이 모여 있는데, 그 중에서도 웅장한 모습을 간직한 대성당이 볼만하다.

스톡홀름 근교

웁살라 _ 스톡홀름에서 기차로 1시간 거리에 있는 웁살라는 최고의 지성들이 모여 있는 스웨덴

About Writer

셀마 라게를뢰프 Selma Lagerlof (1858~1940)

셀마 라게를뢰프는 10여 년간 초등학교 교사로 일하며 글을 쓰다가, 1891년 고향의 전설을 바탕으로 하여 쓴 소설 《예스타 베를링 이야기》가 당선되어 소설가로서 첫발을 내딛게 되었다. 그 후 1894년에 《보이지 않는 굴레》를 발표한 뒤 교직을 그만두고 본격적으로 글을 쓰기 시작했으며, 1909년에 북유럽 아동 문학의 최대 명작으로 손꼽히는 《닐스의 이상한 여행》을 썼다. 《닐스의 이상한 여행》은 스웨덴의 자연과 풍물 등을 어린이들에게 알려주기 위해 쓴 작품으로 독자들의 열렬한 사랑을 받았다. 그녀는 이 작품으로 노벨문학상을 수상한데 이어 1914년에는 여성 최초로 스웨덴 아카데미 회원으로 선출되기도 했다. 그녀는 설화나 영웅담에 기초한 소설을 주로 썼으며, 현재 스웨덴 20크로나 지폐의 모델이다.

사람들의 정신적인 고향이다. 1477년 설립된 웁살라 대학은 세계적인 대학으로 10여 명이 넘는 노벨상 수상자를 배출했다. 또한 위풍당당한 모습을 자랑하는 대성당과 웁살라 성, 식물원 등 도시 전체가 하나의 정원 같다.

드로트닝 궁전 _ 스톡홀름 외곽에 있는 드로트닝 궁전은 페리와 지하철, 버스를 이용하여 40~50분이면 갈 수 있다. 북유럽의 베르사이유라고 불릴 정도로 멋진 궁전에는 왕과 그 일가족이 거주하고 있다. 유네스코 지정 세계 문화유산이며 많은 부분을 공개하고 있어 관람이 가능하다.

○ 여행하기 좋은 시기

북구의 매력을 제대로 느끼기에는11월부터 다음해 3월까지가 좋다. 그 중 최고는 크리스마스 시즌. 다양한 축제와 이벤트를 보려면 하지에 맞추어 여행하는 것이 좋다.

○ 동화 속 주인공

닐스 _ 놀기 좋아하는 심술꾸러기. 요술에 걸려 난쟁이가 된 뒤 거위를 타고 신나는 모험을 한다.

모르텐 _ 닐스 집에서 기르던 어린 거위. 닐스와 함께 신나는 여행을 하며 닐스가 위기에 처할 때마다 그의 편이 되어 준다.

기러기 떼 _ 먹이를 찾아 북쪽으로 이동하다 닐스를 태운 거위와 동행하게 된다. 바다표범이나 여우의 공격 등 위험에 처할 때마다 닐스의 도움으로 위기를 모면한다.

《즐거운 무민 가족》의 무대 **핀란드 난탈리 Naantali**

즐거운 무민 가족의 따뜻한 꿈과 만나다

그 골짜기는 아주 멋진 곳이었어요.
작고 명랑한 동물들이 여기저기 바글바글하고 사방에는 꽃나무가 가득했어요.
산 위에서 흘러내린 맑은 물은 조그만 강이 되어 무민 집을 빙그르르 감싸안아
돌고는 다른 골짜기로 흘러갔어요. 그 골짜기에 사는 조그만 동물들은
그 강물이 어디서 흘러 내려오는 건지 무척 궁금할 거예요.

《즐거운 무민 가족》 중에서

《즐거운 무민 가족》은 추운 나라 핀란드에서 태어난, 동글동글하며 온화하고 귀엽게 생긴 생물 무민들이 혹서와 혹한, 혜성 같은 거친 기후와 자연의 변화를 겪으면서 벌이는 아기자기한 모험 이야기이다. 작가의 상상으로 만들어 낸 무민 마을의 동물들이 만들어 내는 갖가지 모험 이야기는 소박하면서도 따뜻한 세상을 원하는 작가 토베 얀손의 이상을 그대로 담고 있다.

대자연을 배경으로 한 흥미로운 모험 이야기 속에 정겨운 가족과 이웃의 따뜻함과 유머가 깃들어 있는 《즐거운 무민 가족》 시리즈는 전체 12권으로 이루어진 핀란드를 대표하는 동화이자 북유럽을 상징하는 동화로 유명하다. 작가 토베 얀손이 태어나고 성장한 헬싱키와 박물관이 위치한 탐페레, 크고 작은 항구와 작은 마을까지 즐거운 무민 가족의 흔적을 여러 곳에서 찾을 수 있다. 그 중에서도 동화의 바다 속으로 푹 빠져 보려면 무민 월드가 자리한 항구 난탈리 Naantali가 제격이다.

무민 계곡에서 엄마 무민을 중심으로 아빠 무민, 무민 트롤, 꼬마미, 스너프킨, 미자벨, 작은 헤물렌, 훔퍼 등이 펼쳐가는 이야기의 주무대는 유서 깊은 고도 투르쿠 외곽에 자리한 작은 항구 마을 난탈리다. 투르쿠 마켓 광장에서 버스를 이용하여 20분이면 도착할 수 있는 난탈리는 마치 한 폭의 거대한 풍경화가 연상될 정도로 아름답다.

생활용품과 토산품을 거래하는 활기 넘치는 자그마한 광장과 나지막한 목조 주택과 카페, 갤러리, 박물관이 늘어선 거리를 걷다 보면 바다 너머 자그마한 섬이 시선에 잡힌다. 제각각 난탈리를 찾은 목적이 다르겠지만 대부분은 작은 섬에 꾸며진 무민 월드 때문에 온다. 무민 월드에서는 《즐거운 무민 가족》에 등장하는 주요 무대를 만날 수 있다.

앙증맞은 카페와 낭만적인 풍경을 감상할 수 있는 호텔, 고풍스러운 성당에 자리한 항구에서 무민 월드가 있는 섬으로 가려면 300미터에 달하는 나무 다리를 건너야 한다. 무민의 무대를 충실히 재현해 놓은 무민 계곡 곳곳을 한 바퀴 둘러보는데 필요한 시간은 두세 시간이

무민 섬 입구에 만들어 놓은 미로를 따라가는 어린이.

면 충분하지만 무민 방문객이라면 너나 할 것 없이 한나절 정도를 무민 섬에서 보낸다.

엄마, 아빠의 손을 잡고 동화 속을 여행하듯 길을 찾아 나가는 미로가 있는가 하면 편안하게 쉴 수 있는 숲과 휴식 공간이 충분히 마련되어 있어 누구나 시간 가는 것을 잊고 동심의 세계로 푹 빠져들게 만들기 때문이다. 동화 속 내용을 중심으로 조성해 놓은 무민 계곡에는 십여 동에 달하는 건물과 동화 속에 등장하는 주요 장소, 조형물에 이르기까지 재미난 곳이 많다. 무민 시리즈를 좋아하는 이라면 어느 곳 하나 호기심을 자극하지 않는 곳이 없지만 많은 사람들이 앞다투어 찾는 곳이 있다. 바로 동화 속 주인공인 무민 가족이 살았던 무민의 집과 바로 옆에 자리한 헤물렌의 집이다.

자그마한 정원에서는 동화 속에서 등장하는 뜨개질을 좋아하는 헤물렌과 시끄럽고 자기 주장이 강한 꼬마 미로 분장하고 방문객을 맞는 이들을 볼 수 있다. 누구나 좋아하는 동화 속 주인공과 이야기를 나누고 기념 사진을 촬영할 수 있는 정원을 통과하면 곧장 무민의 집으로 이어진다.

무민의 집은 겉보기엔 2층이지만 안으로 들어가면 4층으로 구성되어 있다. 무민의 집으로 들어서면 가장 먼저 방문객을 반기는 것은 동화 속에 등장하는 다양한 캐릭터 인형들. 그리고 동화 속에서 가족이 즐거운 시간을 보내던 응접실과 식당이 눈앞에 펼쳐진다. 대부분의 방문객들은 여기서 이미 환호성을 지른다. 동화책에서 보았던 그 그림이 실제 재현되어 있으니 얼마나 신이 나는지 특히 아이들의 표정

은 행복 그 자체다.

다양한 소품과 흥미로운 볼거리가 가득한 1층에서 방문객의 시선과 발걸음을 잡는 곳은 자그마한 베란다. 흔들의자와 그네가 있는 베란다가 최고의 인기를 누리는 까닭은 무민 동화 속에 등장하는 무민 트롤과 그 가족으로 분장한 종사자들로부터 동화를 들을 수 있기 때문이다. 물론 기념 사진 촬영도 가능하다. 무민의 베란다에서는 아이들은 말할 것도 없고 함께 온 엄마, 아빠, 그리고 할머니와 할아버지까지 무민 가족과 기념사진을 촬영하기 위하여 줄을 서야 할 정도로 인기가 높다.

나선형 나무 계단을 따라 오르면 침대와 서재가 놓여 있는 2층이 나온다. 20여 평에 불과하지만 동화에 나오는 다양한 소품이 전시되어 있어 방문객이라면 너나없이 시간 가는 줄 모르고 동화 속으로 푹 빠져든다. 3층은 가족 생활 공간으로 무민 가족이 생활했던 방이 있다. 각 방에 전시된 것이라고는 침대와 책상, 간단한 편의용품이 전부지만 방문객들은 좀처럼 자리를 뜰 줄 모른다. 꼭대기 4층에는 무민 다락방이 있다. 무민이 친구들과 놀거나 바다를 바라보던 곳이다. 다락방의 창문을 통해 바라보니 작은 섬들이 동화 속 내용과 너무 흡사하다.

동화 내용과 꼭 같게 꾸며진 무민의 집을 빠져나오면 헤물렌의 집이다. 목조 주택인 헤물렌의 집은 아담한 식탁이 놓여 있는 부엌과 침실, 응접실 등으로 이루어진 실내도 매력적이지만 외관도 멋지다. 핀란드의 전통적인 농가주택을 모델로 하여 건축한 전체를 자연친화적

난탈리 항구와 무민 섬을 연결하는 나무로 만든 다리.

10

인 재료를 이용하여 만들었다고 한다.

헤물렌과 무민의 집 주변에는 무민 비치, 산책로, 선박, 소방서 등이 자리 잡고 있으며 위쪽으로 경찰서, 상점 등이 조성되어 있다. 동화 속에 등장하는 내용을 충실히 재현해 놓은 여러 건물들은 누구나 마음껏 구경할 수 있도록 개방해 놓고 있다. 동화 속 세상으로 호기심을 자극하는 무민 월드에서 절대로 놓칠 수 없는 것은 바로 무민 골짜기에서 펼쳐지는 공연이다. 무민 동화에 등장하는 주인공으로 분장한 출연자들이 동화의 내용 중 일부를 보여주는데 그 인기는 대단하다.

많은 여행자의 이목을 집중시키는 무민 야외극에서 인상적인 것은 연극의 내용을 수화로 전달하고 해설을 해준다는 것이었다. 이런 모습을 보고 있노라니 새삼 핀란드 사람들의 장애우를 위한 배려에 탄성이 절로 나온다. 작은 섬의 무민 월드에만 동화의 분위기에 빠져들 수 있는 것은 아니다. 난탈리 시내를 걷다 보면 무민 동화에 등장하는 여러 동물 친구들의 그림으로 장식한 버스와 골목마다 무민 카페와 공방, 상점 등도 쉽게 눈에 띈다.

지금은 무민을 빼놓고 이야기를 할 수 없을 정도로 무민의 무대로 유명해졌지만 난탈리는 아주 오랜 전부터 핀란드를 대표하는 휴양지였다. 특별히 자랑할 만한 해변이나 유명한 명소가 있는 것도 아니지만 난탈리는 핀란드 사람들이 가장 선호하는 휴양지 가운데 한 곳이다.

향토 문화를 접할 수 있는 난탈리 박물관과 고즈넉한 골목과 광장에 늘어선 개성있는 물건들과 예술품, 상점과 공방, 갤러리도 매력적이고 상점들은 하나같이 아름다워 미술관이나 작은 박물관으로 착각할 정도다. 수백 년 된 목조 건물을 활용한 상점에서는 이 곳에서 거주하는 주민들과 예술가들이 만든 토산품을 대부분 팔고 있는데 그 질이 뛰어나 고가임에도 불구하고 대단한 인기를 누리고 있다.

핀란드를 대표하는 문화 상품으로, 세계 각국의 어린이들에게 많은 사랑을 받고 있는《즐거운 무민 가족》. 많은 사람들이 무민의 무대인 난탈리를 찾는 이유는 동화 속에서 무민 가족이 펼치는 꿈과 이상, 모험과 위기, 가족의 소중함을 실제 체험하고 느낄 수 있도록 제대로 꾸며져 있기 때문이 아닐까 싶다.

About Writer

토베 얀손 Tove Jansson (1914~2001)

토베 얀손은 핀란드 헬싱키에서 조각가 아버지와 우표 디자이너 어머니 사이에서 태어났다. 얀손은 스웨덴 스톡홀름과 헬싱키의 미술 학교를 졸업했으며, 20대에 화가와 정치 풍자 만화가로 활동했다. 1945년 《무민 시리즈》를 발표하기 시작하고 한스 크리스티안 안데르센상을 수상하면서, 일약 세계적인 동화 작가로 발돋움했다. 그녀는 핀란드 문학상, 핀란드 최고 훈장 등을 수상하기도 했다. 1945년부터 1970년까지 쓴 무민 가족 시리즈는 책뿐만 아니라 애니메이션, 캐릭터 상품으로도 개발된 핀란드를 대표하는 문화 상품이다. 이 책은 31개국에 번역, 소개되었고, 영국의 〈이브닝 뉴스〉지에 22년 간 만화로 연재되기도 했다. 무민 시리즈는 책뿐만 아니라 극장에서 연극으로, 오페라로, 그리고 영화와 TV애니메이션으로 여러 나라의 어린이들을 매혹시켰다. 특히 일본에서 104편 만화 시리즈로 제작된 바 있다.

○ 가는 길

헬싱키에서 투르쿠까지는 기차와 렌터카, 버스 등으로 이동하면 된다. 투르쿠 마켓광장에서 난탈리까지는 버스와 렌터카를 이용하여 갈 수 있다. 헬싱키에서 투르쿠까지 기차나 렌터카로 이동할 경우 2시간 30분이 소요되고, 버스를 이용할 경우 3시간이 소요된다. 투르쿠에서 난탈리까지는 20분 정도 걸린다. 난탈리 항구에서 300미터에 달하는 나무다리를 건너면 무민월드이다.

○ 꼭 봐야 할 곳

무민월드, 무민 섬, 대성당, 무민 박물관, 난탈리 박물관.

○ 숙박

난탈리는 작은 항구지만 고급 리조트부터 유스호스텔, 민박집에 이르기까지 다양한 숙박시설이 갖춰져있다. 투르쿠에서 당일 여행도 가능하다. 난탈리 관광안내소의 사이트를 참고하자.
www.naantalinmatkailu.fi

○ 여행하기 좋은 시기

무민 월드가 문을 여는 6월 초부터 8월 말까지가 난탈리 여행의 적기다.
문 여는 시기 : 6월 7일 ~ 8월 24일 www.muumimaailma.fi

《산타클로스》의 무대 **핀란드 로바니에미 Rovaniemi**

얼음 나라에는 진짜 산타클로스가 산다

드디어 크리스마스 이브가 됐어요. 산타 마을 사람들은 5시부터 일어나
최고로 좋은 옷으로 갈아입었어요. 그리고 이른 아침부터 길을 떠났답니다.
물론 착한 아이들을 위해 1년 동안 준비한 선물과 함께 말이에요.
하지만 산타 할아버지는 한 집에 오랫동안 머무를 수가 없답니다.
하룻밤 사이에 많은 집을 돌아다녀야 하니까요.

《산타클로스》 중에서

자작나무와 소나무로 에워싸인 호수의 나라 핀란드. 6만 개가 넘는 호수와 숲으로 가득한 핀란드는 어느 곳이 땅이고 호수인지 구분이 안 갈 정도다. 하얀 자작나무 숲이 있는 곳은 땅이고 끝없이 펼쳐진 곳이 호수란 막연한 구분만 있을 뿐. 달리고 또 달려도 눈앞에 전개된 풍경은 온통 눈과 자작나무다.

내가 지금 눈길을 헤쳐 가며 찾아가는 곳은 바로 산타클로스가 살

고 있는 로바니에미 Rovaniemi. 핀란드 원주민인 랩족이 살고 있는 라프란드 Lapland의 중심 도시 로바니에미가 유명한 이유는 단 한 가지, 산타클로스가 살고 있는 '산타 마을' 이 있기 때문이다. 로바니에미는 지난 1927년, 핀란드 라디오 방송 아나운서가 "산타는 로바니에미 마을에 있는 코르바툰 투리 산에 산다." 고 말하면서부터 세상에 알려지기 시작했다. 특히 2차 세계대전 직후인 1950년 프랭클린 루스벨트 미국 대통령 부인 엘리너 여사가 이곳을 방문하면서 세상 사람들의 주목을 받게 되었다.

로바니에미는 인구 3만 5천 명이 사는 작은 도시지만 이곳을 찾는 사람은 1년에 100만 명이 넘는다. 도심에서 8킬로미터쯤 떨어진 산타 마을은 365일 내내 문을 연다. 크고 작은 목조 건물 10여 채로 이루어져 있는 마을 입구에 도착하면 '이곳이 북극권' 이란 푯말과 함께 산타의 마스코트가 보인다. 안내소와 산타 우체국을 지나 커다란 광장에 이르면 마을의 핵심 건물이라 할 수 있는 산타 오피스에 이른다.

산타 오피스에는 20여 평의 접견실과 서재가 있다. 어린 시절 크리스마스 이브가 되면 선물 보따리를 꿈꾸며 상상했던, 바로 그런 공간이다. 벽난로에는 모닥불이 타오르고, 선물로 가득한 빨간색 주머니와 크리스마스 트리가 있다.

2미터가 넘는 키에 몸무게가 130킬로그램이나 되는 산타클로스는 금테 안경을 쓰고 긴 수염과 가죽으로 만든 뾰족 신발을 신고 있었다. 무슨 이야기를 그토록 재미나게 하는지 그의 한마디 한마디에 사람들은 웃음을 터뜨리기에 바빴다. 어깨 너머로 보이는 산타클로스의 손

에는 마우리 쿤나스의 동화책 《산타클로스》가 들려 있다.

서재를 살펴보니 엄청나게 큰 책이 책장에 차곡차곡 꽂혀 있다. 자세히 보니 《미운 오리 새끼》를 비롯하여 《백설공주》, 《빨간 머리 앤》 등 우리에게도 잘 알려진 동화들이다. 옆으로는 각국의 국기가 가득해 '세계 어린이들의 서재' 라는 분위기가 물씬 풍긴다. 오기 전에 사무실의 티나 비만 씨에게 예약을 해 두었기 때문에 산타클로스와 잠시 이야기를 나눌 수 있었다. 악수를 해 보니 산타의 손은 정말 크고 두텁다. 아마 농구공도 한 손으로 가지고 놀 수 있을 듯하다.

산타클로스와 아쉬운 작별을 하고 산타 우체국과 산타 파크로 발길을 옮겼다. 멋진 뿔을 자랑하며 위엄있게 걷는 어미 순록과 뒤따르는 귀여운 아기 순록을 보니 가슴이 뛴다. 산타 우체국에는 빨간 복장에 긴 고깔 모자를 쓴 10여 명의 직원이 근무하고 있는데 우체국의 집기와 물품들 역시 모두 빨간색이다. 전 세계 어린이들에게 보낼 선물과 카드가 엄청나게 쌓여있는 것을 보고 놀라워하자 티나 비만 씨가 우편함을 열어 보여 준다. 산타 마을에서 무료로 보내 주는 것이냐고 물었더니 일부만 그렇고 대부분은 비용을 지불한 것이란다.

산타클로스에게 편지나 엽서를 보낸 어린이에게만 산타클로스가 직접 쓴 답장과 서명한 카드, 작은 선물을 보내 주고, 10유로를 내고 받을 사람의 주소와 이름을 써서 산타 우체국으로 보내면 산타클로스의 서명이 담긴 카드를 우송해 준다고 한다.

산타 우체국을 나와 조금 걸으니 동화의 내용을 재현한 테마공원 '산타 파크' 가 나타난다. 암석을 뚫어 만든 동굴 터널은 신비롭다. 바

위틈으로 쏟아지는 파란색, 노란색 조명을 지나 200미터쯤 이동하면 지하에 건설된 커다란 공원에 도착하게 되는데, 테마 공원을 지하에 건설한 이유는 눈이 많이 내리기 때문이다.

11월 말부터 다음해 4월까지 오픈하는 산타 파크의 중앙 무대에서는 크리스마스와 관련된 음악회가 열리고, 주변에는 빨간 코를 한 루돌프 사슴과 산타클로스 그리고 순록으로 만들어진 놀이 시설이 있다. 이벤트관에서는 애니메이션, 익살스러운 인형극도 볼 수 있어 늘 만원이다. 산타 파크에 근무하는 이들도 산타클로스, 랩족 전통 복장을 하고 있어 이곳을 찾는 사람들을 즐겁게 해주고 있었다.

한쪽에서는 이런 동화 주인공의 모습으로 분장을 해주는데 수십 미터씩 줄을 서 기다리고 있었다. 사실 산타 마을을 찾는 이들의 80퍼센트는 어른이다. 이들은 산타 마을에 와서 어린 시절의 순수했던 추억을 되살리고 싶어하는 듯하다. 로바니에미는 한 편의 동화도 어떻게 활용하느냐에 따라 엄청난 부가 가치가 있다는 것을 잘 보여주고 있다. 자원이라곤 나무와 야생 동물뿐인 라프란드를 핀란드 최고, 아니 세계 최고 관광지로 만들고 있는 것이다.

산타는 어린이만의 친구는 아니다. 누구라도 산타를 기다리며 크리스마스 이브에 잠 못 들던 어린 시절이 있지 않았던가. '산타에 대한 믿음이 사라지는 순간부터 인생은 내리막길을 달리게 된다.' 는 이야기가 있다. 크리스마스에 산타가 오지 않는다면 이 세상은 얼마나 메마르고 삭막할까. 길고 추운 겨울날, 산타에게 엽서라도 한 장 띄워 보내자. 산타의 답장을 기다리면서.

○ 가는 방법

산타 마을로 가려면 헬싱키에서 국내선 항공기를 이용하거나 기차를 타면 된다. 로바니에미까지 비행기를 타면 1시간 30분, 공항에서 산타 마을까지는 1.5킬로미터이며 자동차로 5분이면 충분하다. 기차를 이용할 경우 헬싱키 중앙 역에서 로바니에미 역까지 10시간이 걸리고, 로바니에미 역에서 산타 마을까지는 8킬로미터로 버스와 자동차로 약 15분이 걸린다.

○ 꼭 봐야 할 곳

산타 오피스, 산타 클럽, 산타 우체국, 산타 상점가, 산타 마을 안에 있는 사우나, 순록 농장, 산타 와인 거래소, 아크티룸 박물관, 루터파 교회, 아이스 골프장(겨울 시즌), 얼음 속에서 즐기는 온천 욕장.

○ 숙박

로바니에미는 겨울 뿐 아니라 연중 세계인이 찾는 관광도시로, 특급 호텔과 리조트, 유스호스텔까지 다양한 숙소가 있다. www.rovaniemi.com

○ 근교 명소

라누아 동물원 _ 로바니에미에서 시외 버스와 승용차로 1시간 15분 정도 가면 라누아에 도착한다. 이곳 동물원에서는 북극 지방에서 서식하는 순록, 살쾡이, 곰 등을 볼 수 있다. 마을에는 아름다운 무르무르 성이 있으며 성 안에 있는 인형박물관에는 50여 개국에서 수집한 인형들이 전시되어 있다.

케미 _ 로바니에미에서 헬싱키 방향으로 1시간 30분 거리에 있는 항구 도시. 지구촌 어느 곳에서도 쉽게 접할 수 없는 얼음 호텔과 쇄빙선 크루즈 여행을 즐길 수 있다. 얼음 호텔이나 쇄빙선 크루즈 여행은 2월 초부터 4월 중순까지 가능하다.

About Writer

마우리 쿤나스 Mauri Kunnas (1950~)

그래픽 아티스트, 일러스트레이터, 만화가, 동화 작가…. 마우리 쿤나스를 수식하는 말은 참 여러 가지다. 헬싱키 대학에서 그래픽 디자인을 전공한 쿤나스는 스스로가 '펜을 쥐고 태어났다' 고 말할 정도로 어릴 때부터 만화 그리는 것을 좋아했다. 그래픽 디자이너로 일해 왔던 쿤나스는 1979년 동화 《The Book of Finnish Elevs》로 데뷔했는데 지금까지 25권의 동화를 출판했다. 그가 유명해진 것은 동화 《산타클로스》 덕분. '산타클로스는 어느 나라에서 오느냐' 는 고전적인 질문에 많은 이들이 '핀란드' 라는 답을 떠올리는데 그가 큰 역할을 해낸 셈이다. 쿤나스의 산타 이야기 시리즈로 인해 '크리스마스 이야기에 등장하는 대부분의 산타가 상업적이고 일시적이지만, 핀란드의 산타는 1년 내내 어린이들의 소리에 귀 기울인다.' 는 인식을 심었으니 말이다. 쿤나스 책 속의 산타는 인자한 할아버지로 어린이들의 가장 친근한 친구로 묘사되어 있다. 또 실제로 핀란드의 북쪽 라프란드 산 골짜기에 산타가 살고 있다는 핀란드 구전을 동화로 엮어 어린이들에게 다가선다. 세밀한 디테일과 넉넉한 여유, 그리고 예리한 유머로 사랑 받고 있는 작가 쿤나스, 그는 지금도 어린이들에게 친근한 메시지를 전하는 책을 꾸준히 펴내고 있다.

○ 여행하기 좋은 시기

크리스마스와 북구의 겨울을 만끽할 수 있는 12월이 가장 좋고, 여름도 좋다.

○ 동화 속 주인공

산타클로스 _ 크리스마스 이브마다 온 세계를 돌아다니며 아이들에게 선물을 나눠준다. 착한 일을 한 아이들의 소식을 들을 때가 가장 행복하다.

꼬마 요정들 _ 1년 동안 각자의 재능에 맞는 곳에서 일을 하며 아이들에게 줄 선물을 준비한다. 여름 방학에는 등산을 하거나 크로켓을 치며 시간을 보낸다.

미세스 산타와 부인들 _ 산타 마을 모든 사람과 동물의 식사를 책임진다. 다림질, 빨래 등도 그녀들의 몫. 재능을 살려 선물을 만드는 공장에서 일하기도 한다.

요정의 아이들 _ 보통 사람들이 다니는 곳과 같은 학교에 다니며 각종 기술을 익힌다.

Hans Christian Anderse

영원한 동화의 아버지, 안데르센의 흔적을 둘러보다

'동화의 아버지' 로 불리는 한스 크리스티안 안데르센 Hans Christian Andersen. 그는 1805년 발트해의 회색 파도가 밀려오는 덴마크의 아름다운 도시 오덴세 Odense에서 태어났다. 안데르센은 유년 시절을 보낸 오덴세를 언제나 마음의 고향으로 여겼다.

유년의 꿈과 추억이 남아 있는 오덴세, 그의 발자취를 따라가는 여행은 아무래도 코펜하겐보다 이곳에서 시작하는 것이 좋겠다는 생각에 오덴세로 향했다.

코펜하겐 Copenhagen 중앙 역을 벗어난 기차는 무서운 속도로 달렸다. 기차는 어느 새 코펜하겐이 있는 쉐란 섬과 오덴세가 있는 퓐 섬 사이의 스토어벨트 해협에 이르렀다. 옛날 바이킹 전사들이 새로운 땅을 개척하기 위해 떠났던 이 해협은 잔잔했다. 해협을 통과한 기차는 다시 끝없는 초원을 달려 안데르센의 고향 오덴세에 도착했다.

오덴세에서 구두 수선공의 아들로 태어나다

핀 섬의 한가운데 있는 오덴세에는 유난히 커다란 너도밤나무가 많다. 너도밤나무로 둘러 싸인 왕립공원을 지나자 시청 안의 관광안내소가 보였다. 이곳에서 오덴세 지도를 얻고, 먼저 시청 건너편에 있는 안데르센 공원으로 향했다. 조금만 일찍 도착했더라면 안데르센 생가와 박물관을 볼 수 있었을 텐데 시간이 늦어 공원을 먼저 둘러보게 되었다.

공원 바로 앞에 서면 성 크누트 교회가 보인다. 13세기에 세워진 교회로 안데르센의 어머니가 그를 데리고 다녔으며 이곳에서 유아세례와 견진성사를 받았다. 교회의 모습에서 세월의 흔적이 느껴졌다.

교회를 나오면 샛강이 흐르는 공원이 보이고, 안데르센 동상이 주변을 응시하듯 서 있다. 이 샛강은 그의 어머니가 생계를 위해 남의 집 빨래를 하던 곳이다. 지금 자신을 기념한 공원이 들어선 걸 볼 때 어떤 생각이 들까. 세상 일은 참 묘하다는 생각이 들었다.

동화 《미운 오리 새끼》의 배경이기도 한 안데르센 공원 H.C Andersen Haven은 무지개 다리, 장미와 수선화가 피어 있는 정원, 샛강에 만들어 놓은 조각배와 한가롭게 떠다니는 백조와 오리, 깔끔한 산책로에 이르기까지 예쁘고 정감이 넘친다.

그가 《미운 오리 새끼》를 쓰게 된 것은 38세 때. 스웨덴 여행 중에 만난 여인과 사랑에 빠졌지만 결국 실패하고 가슴앓이를 하던 시절, 이 연못에서 헤엄치는 어미 백조와 새끼 백조의 모습을 보고 영감을 얻어서라고 한다. 또한 어린 시절 고향을 늘 마음의 안식처로 생각하

동화 《미운 오리 새끼》의 배경이 되기도 한 안데르센 공원.
무지개 다리와 샛강, 조각배와 백조, 오리의 모습 등 한적하고 정감이 넘친다.

였기 때문이라고도 전해진다.

30분이면 둘러볼 수 있을 만큼 작은 공원이지만 안데르센에 대한 생각에 잠겨 다섯 번 정도는 돌았나 보다. 그 사이 시간은 훌쩍 흘러 밤 10시에 가까워져 있었다. 나는 발걸음을 재촉해 안데르센 호텔로 향했다. 오덴세의 밤거리는 불을 밝힌 가로등과 상점, 그리고 주택의 창에서 새어나온 불빛이 어우러져 참으로 환상적이었다.

다음날 새벽, 안데르센 호텔에서 5분 거리에 있는 공원으로 향했다. 이른 아침 풍경은 어제 오후와는 또 달랐다. 샛강과 산책로가 만나는 곳에는 막 잠에서 깨어난 오리들이 한가롭게 떠 있고, 건너편 산책로에는 운동을 하는 시민들이 꽤 많이 눈에 띄었다. 찬 공기를 천천히 들이마시며 마음에 드는 몇 장면을 사진기에 담을 수 있었다.

아침 식사를 하고 안데르센 박물관 H.C Andersen Hus으로 향했다. 개장하려면 20분 정도 시간이 남았지만 벌써 많은 관람객이 기다리고 있었다. 박물관의 모습은 예전과 많이 달라져 있었다. 새롭게 만든 출입구에는 카페와 연못까지 갖춘 제법 넓은 정원도 있고, 박물관 내부도 이전보다 훨씬 많은 물건이 전시되어 있었으며 공간도 더 넓어진 듯했다.

박물관 내부로 들어서면 가장 먼저 보이는 것이 안데르센의 가족사와 당시 오덴세의 사진, 그리고 생활용품들이다. 사진을 자세히 살펴보니 도심 외곽지역이 조금 변했을 뿐, 현재 박물관이 있는 골목과 왕립공원, 옛 시가지 그리고 시청 지역은 안데르센이 살던 200년 전과 별로 달라진 것이 없다.

박물관 내부 전시실 모습. 안데르센의 섬세하고 정교한 솜씨를 볼 수 있는 종이작품과 전시물이 있다.

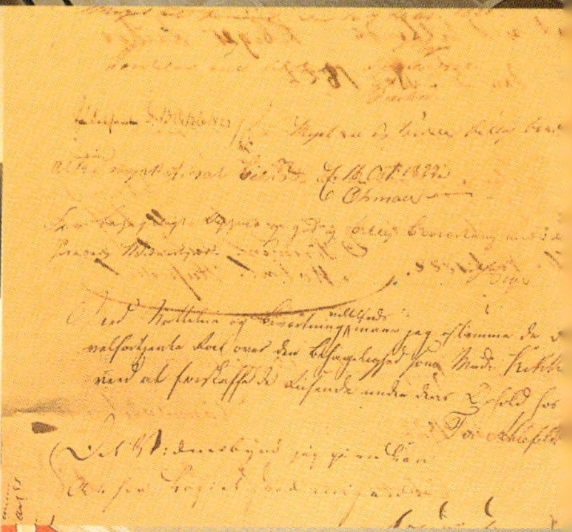

안데르센이 코펜하겐 시절에 사용하던 가구와 책상들.

안데르센 박물관 입구의 아름다운 정원.

자료관을 지나면 안데르센의 또 다른 면을 느낄 수 있다. 손재주가 뛰어났던 안데르센은 여행을 하면서도 그림을 그렸다고 한다. 또한 종이를 오려 다양한 모양을 만드는 재주가 있었다. 100여 점에 이르는 종이 작품을 보니 그가 동화 작가가 되지 않았다면 분명 예술가가 되었을 것이라는 생각이 들었다.

다음 방에는 그의 작품과 생에 관한 자료를 모아두었는데, 그가 집필한 미운 오리 새끼와 성냥팔이 소녀, 벌거숭이 임금님 등의 오리지널 원고, 지인들과 주고받은 편지, 작품을 쓸 때 사용하던 펜, 늘 몸에 지니고 다녔다던 십자가 목걸이와 초상화 등이 전시되어 있었다.

그중에서도 나의 눈길을 끈 것은 그가 여행을 하면서 쓰던 가방, 지팡이, 그리고 모자였다. 평생 여행하기를 즐겼던 그는 길이 50센티미터에, 폭 30센티미터, 높이 40센티미터쯤 되는 이 가방과 함께 이탈리아와 스웨덴, 독일, 지중해 등 세계 곳곳을 다녔다. 또한 가방을 소재로 작품을 쓰기도 했다. 훗날 여행 가방과 모자, 지팡이는 안데르센을 상징하는 트레이드 마크가 되었다.

박물관 뒤뜰에는 안데르센의 동화를 테마로 공연을 하는 어린이 문화센터가 있다. 백조 왕자, 나이팅게일, 미운 오리 새끼 등을 테마로 한 방이 있고, 직접 분장을 하고 인형극을 할 수 있도록 모든 소품이 갖추어져 있어 아이들에게는 더할 나위 없이 흥미로운 놀이터였다.

오덴세의 전설이 되다

박물관에서 나와 세련된 모습의 시청을 지나면 안데르센의 유년

KØBENHAVN

아름다운 뉘하운 강변. 이 지역에 안데르센이 살던 집과 기념관이 있다. 아름다운 건물들이 이어져 있어 더욱 매력적이다.

시절의 집 H.C Andersen Barndomshjem이 나온다. 안데르센은 자서전에서, 궁핍하고 어려웠던 시절이었지만 이 집에서 보낸 시간이 가장 소중하고 행복했다고 여러 차례 밝히고 있다.

그의 아버지는 구두 수선공이었고, 어머니는 남의 집 빨래를 해서 생계를 이어야 할 만큼 가난했다. 현재 보존되어 있는 유년 시절의 집도 너무 작고 초라했다. 두 개의 작은 방과 부엌, 그의 아버지가 구두 수선을 하던 작업장이 보존되어 있다. 실제로는 이 집의 방 한 칸에 세 들어 살았다고 한다. 지금은 두 개의 방 모두가 보존되어 있는데, 그는 2살부터 14살까지 이곳에서 살았다.

어린 안데르센은 노래를 잘 불렀다. 또한 이야기를 꾸며 남들에게 들려주었고, 희극의 수많은 장면을 달달 외워 사람들 앞에서 낭송하기도 했다. 그래서 오덴세에서는 그를 모르는 이가 없을 정도로 유명했다고 한다.

덴마크에서 세 번째로 크다는 오덴세는 인구 20만 명이 사는 도시라는 것이 믿기지 않을 만큼 깨끗하고 조용하다. 가장 번화한 시청 앞 광장도 그렇고 관광객이 가장 많이 찾는 안데르센 박물관과 공원도 한적해 '당시의 모습을 그대로 재현해 놓은 세트가 아닐까.' 라는 생각이 들 정도였다.

오덴세에는 아주 옛날부터 전해오는 전설이 있다. 북구의 여신인 프레이야는 어느 날 '저기 오딘을 보라.' 고 외치면서 훗날 아주 위대한 인물이 오덴세에서 탄생할 것임을 예언했다.

여신의 예언을 증명이라도 하듯 '영원한 동화의 왕' 안데르센이

코펜하겐의 보행자 전용거리인 스트뢰에 거리. 이 거리를 따라 해변으로 가면 인어공주 상을 볼 수 있다.

웅장하고 고풍스러운 코펜하겐 시청 앞 광장.

이곳에서 태어났다. 실제로 오덴세 사람들은 그가 바로 프레이야가 말한 위대한 인물이라고 믿고 있다.

사실 오덴세는 아주 조그만 도시다. 만약 안데르센이 이곳에서 태어나지 않았다면 매년 20만 명이 넘는 사람들이 오덴세를 찾지는 않을 것이다. 그런 점에서도 안데르센은 오덴세의 가장 큰 보물이다.

꿈을 위해 무일푼으로 코펜하겐에 가다

꿈이 있었지만 실현할 수 없을 만큼 가난했던 안데르센은 14살 어린 나이에 무작정 코펜하겐으로 떠난다. 그의 발자취를 따라 다시 코펜하겐으로 향하는 기차를 탔다. 안데르센은 코펜하겐에서 배우가 되기를 꿈꾸었다. 그러나 가는 곳마다 외면을 당해 마음의 상처만 입었다. 직접 쓴 글을 사람들에게 들려주기도 했지만 정규 교육을 받지 못한 그는 철자를 곧잘 틀려 비웃음을 사기 일쑤였다. 빈털터리의 볼품없는 시골 출신이었지만 맑은 영혼과 재능을 가진 그는 은인들의 도움으로 교육을 받고, 작가로서 성공의 길을 걷게 된다.

코펜하겐에서 가장 먼저 안데르센을 만날 수 있는 곳은 시청 광장이다. 106미터에 이르는 탑을 축으로 좌우대칭을 이루고 있는 시청의 오른쪽에는 모자를 쓰고 지팡이를 든 채 앉아 있는 안데르센 동상이 있다.

오덴세에서 본 젊은 시절 모습의 동상과 달리 노년의 모습으로 무척이나 인자해 보였다. 어린이를 사랑하고 여린 동물과 사물에게도 다정한 눈길을 보냈던 그의 생전 모습이 느껴지는 듯하다.

다른 유럽의 도시처럼 코펜하겐 시내는 대부분 걸어다니며 볼 수 있는데 각각 고유한 이름을 가진 4개의 보행자 전용도로가 있다. 그중에서 북유럽 최초의 보행자 전용 도로로 지정된 스트뢰에 거리가 북유럽에서 가장 활기찬 곳으로 알려져 있다. 오래 전부터 환경을 매우 중시한 코펜하겐에는 보행자 전용 도로와 함께 주요 도로마다 자전거 도로가 따로 있어 시민들은 걷거나 자전거를 많이 이용하는데, 그 중심이 바로 스트뢰에 거리다.

마침내 세계인의 사랑을 받는 '동화의 왕'이 되다

항상 사람들로 붐비는 스트뢰에 거리와 콩겐뉘토르 광장 사이에는 아마게르토르 광장이 있다. 그곳에는 안데르센이 힘든 일이 있을 때면 찾아가 마음의 안식을 찾았다는 니콜라스 교회가 있고, 그 옆이 뉘하운 Nyhavn 지역이다.

'새로운 항구' 라는 뜻의 뉘하운은 코펜하겐의 여러 지역 중에서도 안데르센의 자취가 가장 진하게 남아 있는 곳이다. 안데르센은 이곳에서 수많은 동화와 시를 썼고, 이웃들과 이야기를 나누며 직접 종이를 오려 작품을 만들어 주기도 하고, 창가에 앉아 거리의 모습을 보기도 했다.

생전의 그가 즐겨보던 강변의 집들과 배, 사람들을 바라보고 있으니 그에게 한 발 더 다가선 느낌이다. 외국에서의 환영과 호평에도 불구하고 그에게 늘 혹평을 하던 덴마크 평단에 그는 적잖이 상처를 받고 괴로워했다.

그러나 그를 사랑하는 수많은 독자의 열렬한 사랑에 힘입어 그는 1870년경까지 계속하여 《인어공주》, 《미운 오리 새끼》, 《성냥팔이 소녀》 등 모두 130여 편에 달하는 걸작을 남겼다.

또한 안데르센은 덴마크 토박이로서 조국에 대한 사랑도 각별했다. 1867년에는 고향 오덴세의 명예시민으로 추대되어 전 국민의 축하를 받았지만 1870년 초부터 건강이 나빠져 즐기던 여행도 할 수 없게 되었고 1875년 8월 마침내 친구의 별장에서 세상을 떠났다.

그는 뉘하운에 세 채의 집을 가지고 있었는데, 그중 두 채는 현재 안데르센 기념관으로 사용되고 있다. 뉘하운에서 낭만적인 항구를 따라 걷다 보면 원형의 넓은 광장에 왕궁이 보인다. 현재 왕이 거주하는

다양한 볼거리가 있는 티볼리 공원. 세계 최초의 테마공원으로 많은 이들이 찾는다.

궁전에서는 매일 위병 교대식이 벌어지고 있으며 동쪽으로 연결된 도로를 따라 이동하면 덴마크 신화에 등장하는 게피온 샘에 이른다. 샘을 뒤로 하고 주변이 내려다보이는 언덕길을 따라 조금 더 가면 바로 애틋한 사랑의 주인공인 인어공주 동상을 만날 수 있다.

동화를 좋아하는 사람은 물론, 코펜하겐을 찾은 이라면 누구나 방문하는 명소 인어공주 Den Lille Havfrue 동상. 해변의 인어공주 상은 80센티미터 남짓의 작은 크기여서 처음에는 실망할 수도 있다. 그러나 이곳을 찾는 사람이 매년 백만 명이 넘는다니 새삼 동화의 힘을 느끼게 된다.

이 동상은 1913년 맥주회사 칼스버그의 2대 사장이었던 카를 야콥

HANS CHRISTIAN ANDERSEN
ODENSE
DENMARK
Klods Hans

슨이 왕립극장에서 공연된 발레 《인어공주》를 보고 감명을 받아 제작하여 기증한 것으로, 조각가 에드바르트 에릭슨과 실제 모델이었던 국립극장 프리마돈나가 훗날 부부가 된 에피소드가 숨어 있다.

인어 공주 동상은 머리가 잘리고 통째로 없어지는 등 세 번씩이나 수난을 겪기도 했지만 변함없이 호수처럼 잔잔한 발트해를 내려다보고 있었다.

안데르센이 수없이 지나쳤을 뉘하운 거리를 따라 걸으며 그를 추억해 본다. 못생긴 얼굴에 키만 껑충하고 코와 손발이 남들보다 배나 큰, 한마디로 볼품없는 외모를 가졌지만 그는 덴마크의 자랑이자 우상이다.

그의 동화를 읽고 꿈을 키운 수많은 세계인들은 앞으로도 안데르센을 만나기 위해 덴마크를 찾을 것이다. 또한 타고난 휴머니스트요, 어린이처럼 천진한 그는 동화를 사랑하는 이들의 가슴에 영원히 살아 있을 것이다.

○ 가는 방법

오덴세 _ 코펜하겐에서 오덴세까지 특급 기차인 인터시티를 타면 1시간 15분, 승용차로는 1시간 30분 걸린다.

코펜하겐 _ 쉐란 섬에 위치한 코펜하겐은 덴마크의 수도로 육로는 독일과 스웨덴에서 기차와 버스로 갈 수 있고 항공은 여러 나라에서 국제선이 코펜하겐으로 연결되어 있다. 우리나라에서는 직항 편이 없다. 해상의 경우 영국, 스웨덴, 핀란드, 독일에서 국제선 선박과 크루즈 유람선으로도 입국할 수 있다.

○ 꼭 봐야 할 곳

오덴세 _ 안데르센 박물관, 유년 시절의 집, 안데르센 공원, 성 크누트 교회, 왕립공원, 시청, 시립박물관, 카를 닐센 박물관.

코펜하겐 _ 안데르센 동상, 인어공주 동상, 안데르센 기념관, 티볼리 공원, 시청, 스트뢰에 거리, 아말리엔보르 궁전과 위병 교대식, 니콜라스 교회, 국회의사당, 뉘하운 항구, 국립박물관.

○ 숙박

오덴세 _ 최고급 호텔인 안데르센 호텔을 비롯하여 그랜드 호텔 등 다양한 숙박시설이 있다. 역 앞에 새로 들어선 유스호스텔은 깨끗하고 시설도 좋다. 숙박 요금은 서유럽과 큰 차이가 없다.
www.visitodense. com

코펜하겐 _ 북유럽 최고의 도시로 다양한 숙박시설이 있으며 가격은 조금 비싼 편이다.
www.visitdenmark.com, www.visitcopenhagen. com

○ 근교 명소

오덴세 근교

예스코우 성 _ 호수 안에 건축해 놓은 성으로, 북유럽 성 가운데 가장 아름답다고 알려져 있다. 정원, 오래된 자동차와 작은 비행기를 모아둔 박물관 등이 있으며 계절에 따라 각종 이벤트가 열린다. 오덴세 버스 터미널에서 800번을 타면 40분이 걸린다. 혹은 크벤드룹 역까지 기차를 타고, 역 앞에서 800번 버스로 갈아 타면 된다. 성과 정원을 모두 둘러보는 데는 85크로네이고 4~12세까지는 45크로네이다. 11월과 12월, 4월은 휴관.

핀 야외 박물관 _ 오덴세가 있는 핀 섬의 다양한 농촌 문화를 볼 수 있는 박물관. 버스 정류장에서 42번 버스를 타면 약 25분이 걸린다. 어른 55크로네, 어린이 15크로네이다. 11~3월은 휴관한다.

코펜하겐 근교

프레데릭보르 성 _ 중앙 역에서 S-tog E를 타고 종점에서 하차하여 도보로 15분쯤 가면 만날 수 있는 아름다운 성. 숲과 호수가 어우러진 모습이 환상적이다. 성에는 정원과 민속박물관이 있어 덴마크 문화를 감상하기에 더없이 좋다.

로스킬레 _ 코펜하겐 중앙 역에서 로컬 기차를 타고 25분이면 갈 수 있는 바이킹의 도시로 아담한 항구와 대성당, 바이킹 박물관 등 볼거리가 많다.

안데르센이 유년 시절을 보낸 집. 문이 두 개 보이는데 이 중 오른쪽은 아버지의 구두 수선실, 왼쪽은 가족들의 생활 공간으로 재현해 놓았다.

동화마을
추천 여행 코스

7박 8일 코스
스위스, 독일, 덴마크

Day 1 취리히

스위스 취리히 도착. 오후 6시 이후 도착이라면 숙소에서 휴식. 취리히 숙박.

Day 2 마이엔펠트

《알프스의 소녀 하이디》의 무대 마이엔펠트로 이동(1시간 25분). 하이디 공원, 하이디 하우스, 피터네 집, 산 속 오두막을 보고 취리히로 돌아와 프랑크푸르트로 이동(4시간). 프랑크푸르트 숙박.

Day 3 알스펠트

《빨간 모자》의 무대 알스펠트 도착(1시간 40분). 알스펠트 숲길, 빨간 모자 샘, 향토박물관, 시청, 목조 주택가를 둘러보고, 풀다로 돌아와 카셀로 이동(풀다까지 40분, 카셀까지 30분). 카셀 중앙 역 앞에서 출발하는 102번 버스를 타고 《라푼첼》의 무대 트렌델부르크로 이동하거나(50분) 열차로 호프가이스머까지 가서 102번 버스를 타고 트렌델부르크로 이동(45~50분)하여 고성과 마을을 둘러보고 숙박하거나 카셀로 돌아옴. 카셀 숙박.

Day 4 카셀, 보덴베르더

그림 형제 박물관을 관람 후 ICE를 타고 하노버로 이동(1시간), 하노버 중앙 역에서 S반 5호선을 타고 하멜른으로 이동(45분). 하멜른 역 앞에서 52번 버스를 타고 《허풍선이 남작의 모험》의 무대 보덴베르더 이동(50분). 숲과 시청, 동상, 뮌히하우젠 박물관, 동상과 집을 둘러본 후 한적한 시골이 좋은 사람은 보덴베르더, 도시가 좋은 사람은 하멜른 숙박.

Day 5 하멜른

《피리 부는 사나이》의 무대인 하멜른의 피리박물관, 마르크트 광장에 있는 피리 부는 사나이 시계, 동화의 무대가 되었던 베저 강과 도심의 골목을 둘러보고, 라텐팽어 레스토랑에서 점심(가능하면 일요일에 가서 야외극 관람). 하노버 경유 브레멘 이동(하멜른에서 하노버 45분, 하노버에서 브레멘까지 1시간). 브레멘 숙박.

Day 6 브레멘

《동물음악대》의 무대인 시청, 동물음악대 동상과 사육사 동상, 무민 동상, 어린 나팔수 동상, 시청, 풍차, 대성당, 뵈트허 거리, 미술관,공방 관람(일요일에 방문할 경우 야외극 관람). 안데르센의 생가가 있는 오덴세로 이동(함부르크 경유 4시간 30분). 오덴세 숙박.

Day 7 오덴세

박물관과 유년시절의 집, 안데르센 공원 등을 관람한 후 코펜하겐 이동(1시간 10분). 시청 옆 안데르센 동상, 뉘하운의 기념관, 인어공주 동상을 보고 코펜하겐 숙박.

Day 8 코펜하겐

코펜하겐 시내 혹은 인근의 도시를 관람 후 공항으로 이동.

14박 15일 코스
영국, 스웨덴, 덴마크, 독일, 스위스, 프랑스, 스페인

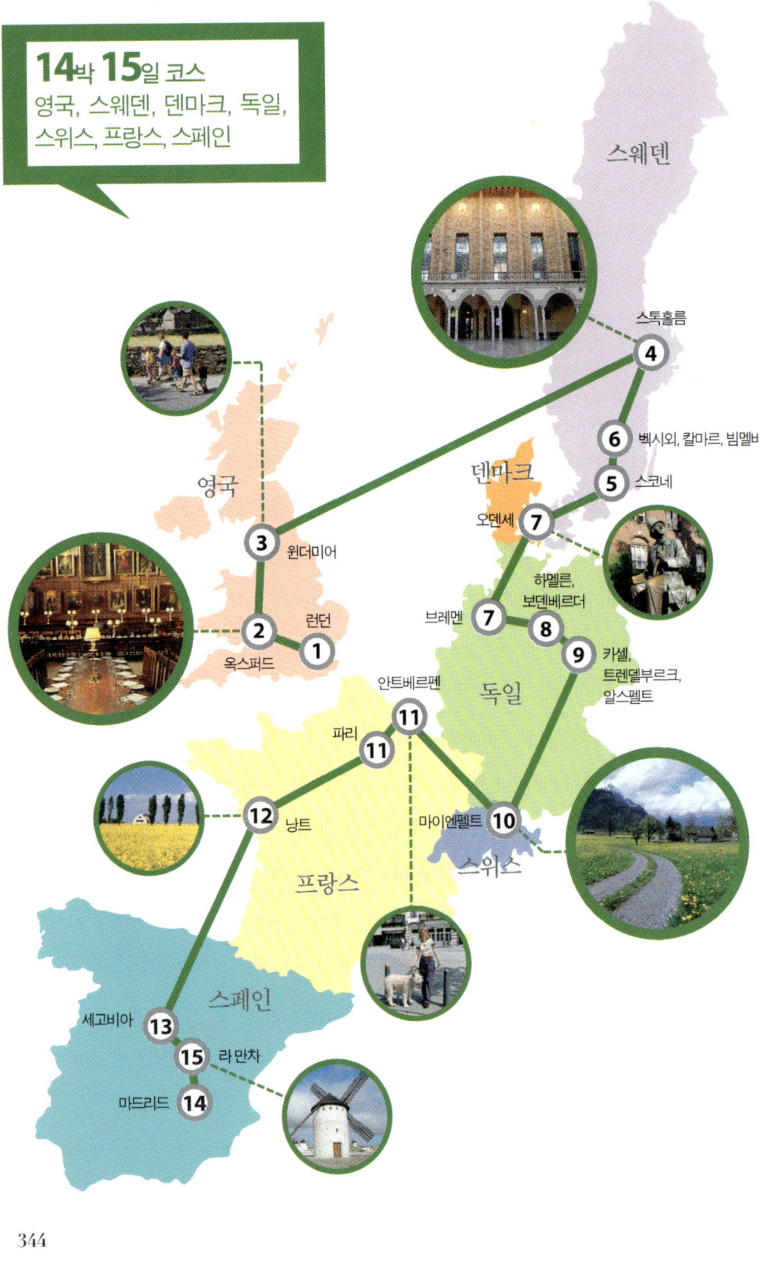

Day 1 런던

런던 도착 시간이 오후일 경우 숙소에서 휴식. 아침일 경우 《피터팬》의 무대가 되었던 켄징턴 공원으로 이동하여 피터팬 동상 등을 관람.

Day 2 옥스퍼드

런던 패딩턴 역에서 옥스퍼드 이동(55분). 《이상한 나라의 앨리스》와 《해리 포터》의 무대가 되었던 크라이스트 처치 대학으로 이동(도보로 15분). 대학 식당, 본관, 교회, 앨리스 상점, 처웰 강을 둘러보고 《해리 포터》의 무대인 보들레이안 도서관, 신학교 등을 거쳐 도시에 자리잡고 있는 셀도니언 극장, 애쉬몰리언 박물관, 옥스퍼드 박물관, 식물원 등을 구경하고 런던 숙박.

Day 3 윈더미어

《피터 래빗》의 무대인 윈더미어로 가려면 아침 일찍 유스턴 역에서 글라스고우 행 특급 열차로 옥센홀름 하차, 윈더미어 행 기차로 갈아타야 한다(5시간 30분). 보네스에 들러 베아트릭스 포터의 기념관을 보고 힐탑으로 이동(도보로 1시간 30분). 베아트릭스 포터 작업실, 주택, 들판과 산, 작은 호수, 내셔널 트러스트 협회에서 운영하는 농장을 둘러본다. 힐탑 혹은 윈더미어 숙박.

Day 4 스톡홀름

윈더미어에서 맨체스터 혹은 런던 이동하여 항공으로 스웨덴의 스톡홀름으로 이동(스톡홀름 이동 티켓을 반드시 예약하거나 구입해 놓을 것, 런던 빅토리아 역 부근의 여행사에서 티켓을 구입하는 것이 가장 저렴). 스톡홀름 도착 후 《닐스의 이상한 여행》의 무대 감라스탄, 왕궁, 시청, 왕립 공원을 관람 또는 휴식. 스톡홀름 숙박.

Day 5 스코네

스코네 지방의 중심 도시인 룬드 이동(4시간 10분). 버스로 글리밍게후스 성으로 이동(1시간 20분). 성을 둘러보고 스바네홀름 성으로 이동(40분)하여 성을 관람한다. 호텔에서 숙박하거나 《삐삐 롱스타킹》무대인 벡시외 이동(2시간 30분). 벡시외 숙박.

Day 6 벡시외, 칼마르, 빔멜비

벡시외 시청과 칼마르, 빔멜비 마을 등을 둘러보고 코펜하겐 이동(2시간 30분). 시청 옆 안데르센 동상과 뉘하븐의 기념관, 인어공주 동상을 관람 후 오덴세로 이동(1시간 10분). 오덴세 숙박.

Day 7 오덴세, 브레멘

안데르센 생가와 유년 시절 집, 공원 등을 보고 함부르크 경유 《동물음악대》무대인 브레멘으로 이동(4시간 30분). 브레멘의 시청, 동물음악대 동상, 사육사의 동상, 무민 동상, 어린 음악대 동상, 풍차, 아름다운 대성당, 뵈트허 거리와 미술관과 공방을 관람(일요일에 방문할 경우 야외극 관람). 브레멘 숙박.

Day 8 하멜른, 보덴베르더

브레멘에서 하노버 경유 《피리 부는 사나이》의 무대 하멜른 이동(1시간 45분). 하멜른 역에서 버스를 타고 《허풍선이 남작의 모험》의 무대 보덴베르더로 이동(40분)하여 박물관, 동상, 거리를 둘러보고 하멜른으로 돌아와 피리박물관, 마르크트 광장, 베저 강, 골목, 그리고 라텐팽어 레스토랑에서 식사하고 하노버 경유 카셀로 이동(1시간 15). 카셀 숙박.

Day 9 카셀, 트렌델부르크, 알스펠트

그림 형제 박물관을 둘러보고 카셀 중앙 역 앞에서 102번 버스를 타고 《라푼첼》의 무대인 트렌델부르크로 이동(50~60분). 호프가이스머까지 기차로 이동해서 102번 버스를 타고 트렌델부르크로 이동(45~50분)하여 마을과 고성, 라인하르트 숲을 둘러보고 카셀에서 풀다를 경유하여 《빨간 모자》의 무대 알스펠트로 이동(1시간 10분). 숲길, 빨간 모자 샘, 향토박물관, 시청, 목조 주택가를 둘러보고 프랑크푸르트 경유 취리히 이동(5시간 30분). 취리히 숙박.

Day 10 마이엔펠트

취리히에서 《알프스의 소녀 하이디》의 무대 마이엔펠트 이동(1시간 25분). 하이디 하우스, 피터네 집, 하이디 공원, 산속 오두막 등을 보고 취리히로 돌아와 야간 기차로 안트베르펜 이동(8시간 30분). 기차 숙박.

Day 11 안트베르펜, 파리

《플랜더스의 개》의 무대 안트베르펜에서 대성당, 시청, 호보겐 마을 박물관과 풍차 등을 둘러보고 《노트르담의 꼽추》의 무대인 파리로 이동(2시간 10분). 세느 강변의 노트르담 대성당 관람. 파리 숙박.

Day 12 낭트

《80일간의 세계 일주》의 무대인 낭트로 가려면 몽파르나스 역에서 TGV 이용(2시 10분). 쥘 베른의 생가 겸 박물관, 낭트 공원, 낭트 성, 항구 등을 둘러보고 파리로 돌아와 파리 몽파르나스 역에서 출발하는 야간 열차를 타고 마드리드로 이동(기차 15시간, 항공 2시간 낭트 행 TGV의 경우 반드시 좌석 예약 필요) 마드리드 행은 침대 칸이나 간이 침대인 쿠세트를 이용, 기차 숙박.

Day 13 세고비아

마드리드 도착 후 짐을 코인 라커에 보관하고 《백설공주》의 무대 세고비아로 이동(2시간 10분). 백설공주 성, 대성당, 수도교 등을 관람한 후 마드리드 이동. 마드리드 숙박.

Day 14 라 만차

《돈 키호테》의 무대인 라 만차 이동. 마드리드 아토차 역에서 아바세테 행 기차를 이용해서 캄포 데 크리프타나 이동(1시간 25분). 풍차, 돈키호테 상, 카페, 토산품 가게 등을 둘러보고 마드리드로 돌아와 마드리드 숙박.

Day 15 마드리드

마드리드 시내를 구경하고 공항 이동.

29박 30일 코스

영국, 핀란드, 스웨덴, 덴마크, 독일, 벨기에, 프랑스, 스페인, 스위스, 이탈리아

Day 1 런던

런던 도착 시간이 오후인 경우 숙소를 정하고 휴식. 아침 일찍 도착한 경우 《피터팬》의 무대인 켄징턴 공원과 하이드 파크, 피카딜리 광장, 타워 브리지 등을 관람 후 휴식. 런던 숙박.

Day 2 하트필드

빅토리아 역에서 로컬 기차로 이스트 그린스테이트 행(40분). 역 바로 앞 버스 터미널 왼쪽에서 291번 버스를 타고 《곰돌이 푸》의 무대인 하트필드로 이동(25분). 푸 코너, 푸 다리와 농장을 관람하고 오후 시간에 숲 구경. 하트필드 숙박.

Day 3 솔즈베리

하트필드 농장과 숲길을 한 번 더 둘러본 후 이스트 그린스테이트 역으로 이동. 솔즈베리까지 기차로 이동(2시간). 버스를 이용하여 스톤헨지로 이동(20분)하여 관람 후 솔즈베리로 돌아와 대성당과 마을 구경하고 휴식. 솔즈베리 숙박.

Day 4 글로스터

솔즈베리에서 브리스톨을 경유하여 《해리 포터》의 영화 촬영지 중 한 곳인 글로스터 이동(2시간 50분). 멋진 글로스터 대성당과 고풍스러운 도시를 둘러보고 버밍엄과 맨체스터를 경유하여 《피터 래빗》의 무대인 영국 최고의 관광지이자 호수 지방의 관문 윈더미어 이동(4시간). 윈더미어 숙박.

Day 5 윈더미어

윈더미어에서 힐탑으로 이동하여 베아트릭스 포터의 작업실과 생활했던 집 그리고 그녀가 구입하여 내셔널 트러스트 협회에 기증했던 농장과 가옥을 둘러보고 작은 마을 힐탑에 숙박하거나 윈더미어로 돌아와 숙소에서 휴식. 윈더미어 숙박.

Day 6 그래스미어

버스로 영국을 대표하는 낭만파 시인 워즈워드의 생가와 박물관이 있는 그래스미어의 도브 코티지 이동(버스로 30분, 도브 코티지 도보로 10분). 도브 코티지와 그래스미어를 관람 후 보네스에 들러 베아트릭스 포터의 기념관을 보고 천천히 윈더미어 호수와 그림처럼 아름다운 주변 풍광을 산책한 후 휴식. 윈더미어 숙박.

Day 7 에든버러

에든버러 이동(3시간). 《피터팬》의 작가인 제임스 매튜 배리가 공부했던 에든버러 대학, 작가 박물관, 어린이 박물관, 《해리 포터》의 작가인 조앤.K.롤링이 작품을 저술했던 니콜슨 카페(현재 뷔페 킹), 아름다운 성과 스코틀랜드의 문화를 엿볼 수 있는 위스키 박물관, 궁전 등을 둘러봄. 에든버러 숙박.

Day 8 앨른윅

에든버러에서 뉴캐슬이나 런던 행 기차를 타고 이동한다. 앨른머스 역에서 하차하여 미니 버스를 타거나 천천히 걸어서 앨른윅 성으로 이동(앨른머스까지 55분, 앨른머스 역에서 성까지는 미니버스로 10분, 도보는 30분, 성 개방 시간은 계절에 따라 다르므로 꼭 확인하고 가는 것이 좋다). 《해리 포터》의 영화 주요 촬영지인 앨른윅 성, 목가적인 전원 풍경, 아름다운 정원, 예쁜 마을 감상함. 호젓하기 그지없는 앨른윅 숙박.

Day 9 더럼

앨른머스를 경유하여 또 다른 《해리 포터》의 촬영지 더럼으로 이동(미니 버스 40분, 기차로 50분). 고대 도시 더럼에서 해리 포터의 흔적을 엿볼 수 있는 곳으로 대성당 내부와 정원이 있으며, 주변에는 성과 옥스퍼드와 캠브리지 대학과 함께 영국 최고의 대학으로 알려진 더럼 대학 등 볼거리가 아주 많다. 더럼 숙박.

Day 10 옥스퍼드

더럼에서 《이상한 나라의 앨리스》와 《해리 포터》의 주요 촬영지인 옥스퍼드로 이동(3시간 20분). 크라이스트 처치 대학 식당, 본관, 교회, 앨리스 상점, 처웰 강의 너벅선 등을 둘러보고 《해리 포터》의 주요 촬영지인 보들레이안 도서관, 신학교 등을 보고 셸도니언 극장, 애쉬몰리언 박물관, 옥스퍼드 박물관, 식물원 등을 관람하고 장미의 고장 옥스퍼드 숙박.

Day 11 런던

옥스퍼드에서 런던으로 이동(55분). 《피터팬》의 무대인 켄징턴 공원, 타워 브리지, 하이드 파크, 왕궁, 대영박물관, 이층버스 그리고 런던의 도심 등을 관람. 런던 숙박.

Day 12 난탈리

런던에서 항공기를 이용, 투르크로 이동. 투르크에서 버스를 이용하여 난탈리 무민월드로 이동(20분 소요), 테마 파크 관람. 무민월드 관람 후 기차로 헬싱키로 이동(3시간).

Day 13 로바니에미

핀란드 헬싱키에서 항공기를 이용하여 동화 《산타클로스》의 무대가 되었던 산타 마을 로바니에미로 이동. 산타 마을과 랩족의 문화를 살펴볼 수 있는 박물관, 산타 파크, 산타우체국 등을 둘러보고 로바니에미 숙박.

Day 14 스톡홀름

스톡홀름 이동. 항공과 기차와 실자라인 등 여러 방법이 있다(항공으로는 3시간, 기차와 유람선으로는 20시간). 《닐스의 이상한 여행》의 무대였던 곳은 도심에 있기 때문에 둘러보고 휴식. 스톡홀름 숙박(열차와 선박을 이용하여 이동할 경우는 여행 일정 중 휴식 시간에 해당하는 7일째를 이용).

Day 15 벡시외, 칼마르, 빔멜비

《삐삐 롱스타킹》의 무대인 벡시외로 이동(특급 기차인 X2000으로 3시간 20분). 시청 광장과 교외, 유리 공장, 칼마르, 숲이 어우러진 삐삐 롱스타킹의 무대를 자세히 둘러보려면 렌터카가 필수다. 삐삐 롱스타킹의 작가 아스트리드 린드그렌의 고향인 빔멜비에 있는 테마파크 아스트리드 린드그렌 월드도 둘러본다. 아스트리드 린드그렌월드의 개장 시간은 계절에 따라 차이가 있으므로 홈페이지에서 반드시 확인하는 것이 좋다. 벡시외 숙박('유리의 도시' 벡시외는 코펜하겐과 비교하여 숙박요금과 음식값이 훨씬 저렴하다).

Day 16 코펜하겐

벡시외에서 출발하는 아침 기차로 안데르센의 흔적을 느낄 수 있는 코펜하겐 이동(2시간 30분). 안데르센 동상과 뉘하븐의 기념관 관람 후 항구로 이동하여 인어공주 동상을 보고 안데르센이 태어난 오덴세로 이동(1시간 10분). 오덴세 숙박.

Day 17 오덴세

안데르센 생가와 유년 시절의 집, 크누트 교회, 공원 등을 관람한 후 인근에 있는 성이나 민속 마을 등을 둘러본 후 오후에 브레멘으로 이동(4시간 10분). 브레멘 숙박.

Day 18 브레멘

《동물음악대》의 무대인 브레멘의 동물음악대 동상, 사육사 동상, 무민 동상, 시청, 풍차, 아름다운 대성당, 뵈트허 거리와 주변에 있는 미술관과 공방을 관람하고(일요일에 방문할 경우 정오에 열리는 야외극 관람은 필수), 하노버를 경유하여 하멜른이나 보덴베르더에서 숙박(브레멘에서 하노버까지 1시간, 하노버에서 하멜른까지 45분, 하멜른에서 보덴베르더 40분). 한적한 시골에서 동화의 분위기에 푹 빠져보고 싶다면 보덴베르더, 도시를 좋아하면 하멜른 숙박.

Day 19 보덴베르더

《허풍선이 남작의 모험》의 무대인 보덴베르더 시청과 박물관, 남작의 집을 보고 《피리 부는 사나이》의 무대인 하멜른으로 이동(40분). 피리박물관, 마르크트 광장, 베저 강, 도심의 골목 그리고 쥐꼬리 모양 요리를 먹을 수 있는 라텐팽어 레스토랑에서 식사, 하노버 경유 카셀 이동(카셀까지 1시간 15분, 일요일에 하멜른을 방문할 경우 야외극관람). 카셀 숙박.

Day 20 카셀, 트렌델부르크, 알스펠트

그림 형제 박물관 중 가장 큰 규모인 카셀의 그림 형제 박물관을 둘러보고 카셀 중앙 역 앞에서 102번 버스를 타고 《라푼첼》의 무대인 트렌델부르크로 이동(50분). 열차를 이용할 경우 호프가이스머까지 이동한 다음 역 앞에서 출발하는 102번 버스를 타고 트렌델부르크로 이동(기차와 버스를 이용할 경우 40분). 트렌델부르크 성과 마을, 라인하르트 숲을 보고 카셀에서 풀다를 경유하여 《빨간 모자》의 무대인 알스펠트로 이동(1시간 10분). 동화 《빨간 모자》의 주요 근원인 숲길을 천천히 산책한 후 빨간 모자 샘, 향토박물관, 특이한 모양의 시청, 아름다운 목조 주택가를 둘러보고 알스펠트 숙박.

Day 21 쾰른

코브렌츠로 이동하여 라인 강 유람선을 타고 느긋하게 휴식을 취하면서 쾰른으로 이동(4시간). 쾰른 대성당과 도심을 구경하고 브뤼셀을 경유하여 벨기에에서 두번째로 큰 도시인 안트베르펜으로 이동(2시간). 안트베르펜 숙박.

Day 22 안트베르펜

《플랜더스의 개》의 무대인 안트베르펜 대성당, 시청, 호보겐 마을의 플랜더스 개 박물관과 풍차, 동상 등을 보고 《노트르담의 꼽추》의 무대인 파리로 이동(2시간 10분). 세느 강변의 노트르담 대성당 관람. 노트르담을 더욱 잘 볼 수 있는 세느 강 유람선을 타거나 샹젤리제, 에펠탑, 개선문, 베르사이유 등 파리 명소를 둘러보고 파리 숙박.

Day 23 낭트

《80일간의 세계 일주》의 무대인 낭트로 가려면 몽파르나스 역에서 TGV 이용(2시간 10분). 쥘 베른의 생가 겸 박물관, 낭트 공원, 낭트 성, 항구 등을 둘러보고 파리로 돌아와 몽파르나스 역에서 출발하는 야간 열차를 타고 마드리드로 이동(15시간, 항공을 이용할 경우 2시간, 낭트 행 TGV의 경우 예약 필수, 마드리드 행은 침대 칸이나 간이 침대인 쿠세트를 이용), 기차 숙박.

Day 24 세고비아, 마드리드

《백설공주》의 무대인 세고비아를 관람 후 마드리드를 보는 것이 효과적이다(마드리드 아토차 역에서 세고비아까지는 기차로 2시간 10분). 도시 끝에 위치한 '백설공주의 성' 이라고 불리는 알카사르 성, 세고비아 대성당, 수도교와 수로를 보고 오후에 마드리드로 돌아와 스페인 광장, 마요르 광장, 프라도 미술관, 왕궁, 뿌에르라 델 솔 등을 둘러본다. 마드리드 숙박.

Day 25 라 만차

《돈 키호테》의 무대인 라 만차로 이동(마드리드 아토차 역에서 아바세테 행 기차를 이용해 라 만차 중에서도 돈 키호테의 마을로 불리는 캄포 데 크리프타나까지 이동 1시간 25분). 하얀 풍차, 돈 키호테 동상, 카페, 토산품 가게 등을 둘러보고 다시 기차를 타고 마드리드로 돌아와 마드리드 숙박.

Day 26 바르셀로나

바르셀로나로 이동하여 람블라스 거리, 성 가족 교회, 구엘 공원 같은 가우디 건축물과 도심에 있는 피카소 미술관을 관람, 야간 열차로 스위스 취리히로 이동(열차 이동시 가능하면 침대 칸을 예약). 바르셀로나에서 예약을 하는 것보다 마드리드에서 3일 전쯤 미리 예약을 하는 것이 안전하다. 기차 숙박.

Day 27 마이엔펠트, 피렌체

취리히에서 《알프스의 소녀 하이디》의 무대인 마이엔펠트로 이동(1시간 25분). 하이디 하우스, 피터네 집, 하이디 공원, 산속 오두막 등을 보고 취리히로 돌아와 밀라노를 경유하여 피렌체 이동(6시간 30분). 피렌체의 야경을 감상하고 피렌체 숙박.

Day 28 콜로디

피렌체에서 《피노키오》의 무대인 콜로디 마을로 가려면 페스시아 역에서(1시간 30분) 내려 콜로디 행 버스(10분). 피노키오 공원, 피노키오 야외극, 동상들, 전시장, 콜로디 박물관, 콜로디가 살았던 집 등을 둘러보고 로마로 이동(야외극은 5월부터 9월까지 매주 일요일 두 차례 공연). 로마 숙박.

Day 29 로마

콜롯세움, 스페인 광장, 바티칸 시티, 진실의 입 등 로마 시내와 유적지, 미술관 관람. 로마 숙박.

Day 30 로마

레오나르도 다빈치 공항으로 이동 후 귀국.